D1717420

Callwey

Ideen
Techniken
Beispiele

Jakob Gerner
Hans-Günter Röhrig

Krippen selber bauen

Vom schlichten Stall zur romantischen Ruine

Bildnachweis

Die Bildvorlagen stammen von Jakob Gerner, die Zeichnungen wurden nach Angaben vom Autor von Dipl.-Ing. Elmar Stähr, Nürnberg, angefertigt.
Die Anleitungen in diesem Buch wurden sorgfältig erprobt – eine Haftung kann dennoch nicht übernommen werden.

Die Deutsche Bibliothek – CIP-Einheitsaufnahme
Krippen selber bauen: vom schlichten Stall zur romantischen Ruine; Ideen, Techniken, Beispiele / Jakob Gerner; Hans-Günter Röhrig. – München: Callwey 1995
(Callwey creativ: Spezial)
ISBN 3-7667-1183-0

© 1995 Verlag Georg D. W. Callwey GmbH & Co., Streitfeldstraße 35, 81673 München
Das Werk einschließlich aller seiner Teile ist urheberrechtlich geschützt. Jede Verwertung außerhalb der engen Grenzen des Urheberrechtsgesetzes ist ohne Zustimmung des Verlages unzulässig und strafbar. Das gilt insbesondere für Vervielfältigungen, Übersetzungen, Mikroverfilmungen und die Einspeicherung und Verarbeitung in elektronischen Systemen.
Einband und Reihengestaltung
Germar Wambach, München, unter Verwendung einer Abbildung der Fränkischen Stallkrippe (s. S. 37), gearbeitet von Karl-Heinz Eussner, Massbach, in der Krippenbauschule Bamberg
Satz Filmsatz Schröter GmbH, München
Lithos eurocrom 4, Villorba
Druck und Bindung Ludwig Auer GmbH, Donauwörth
Printed in Germany 1995
ISBN 3-7667-1183-0

INHALT

6 **Einleitung**

8 **Werkzeug, Material und verschiedene Arbeitsgänge**
8 Fenster und Türen
10 Gebälk und Dach
12 Mauerwerk, Putz und Anstrich
14 Krippenbotanik
15 Krippenzubehör

16 **Krippenmeter**

19 **Heimatliche Stallkrippe**
20 Material und Maßangaben
22 Schritt für Schritt

26 **Alpenländische Kleinkrippe**
26 Material und Maßangaben
28 Schritt für Schritt

29 **Alpenländische Eckkrippe**
29 Material und Maßangaben
31 Schritt für Schritt

36 **Fränkische Krippe**
36 Material und Maßangaben
37 Schritt für Schritt

42 **Fränkischer Backofen**
42 Material und Maßangaben
43 Schritt für Schritt
43 Misthaufen

45 **Orientalische Kleinkrippe**
45 Material und Maßangaben
46 Schritt für Schritt

49 **Orientalische Ruinenkrippe**
49 Material und Maßangaben
50 Schritt für Schritt

52 **Orientalische Großkrippe**
53 Material und Maßangaben
53 Schritt für Schritt

64 **Weitere Krippenmodelle**

71 **Bezugsquellen**

EINLEITUNG

Bevor die Krippe Teil der familiären Weihnacht wurde, hatte sie ihren Platz im Kirchenraum. Zur Veranschaulichung des in der Bibel überlieferten Berichts von der Geburt Christi fanden Krippenspiele auf lebensgroßen Bühnen statt. Später wurden im Kleinformat aufgebaute Krippen Ziel der Andacht – von den Gläubigen in der Weihnachtszeit besucht und bestaunt.

In Bamberg hat Krippenkunst Tradition: Vom Krippenaltar – hier sei auf den berühmten Weihnachtsaltar von Veit Stoß (1523) im Bamberger Dom verwiesen – über Krippenspiele bis hin zu den jetzigen Darstellungen mit Figuren im Kleinbühnenformat sind alle wesentlichen Stationen der Krippengeschichte vertreten.

Die Stadt entwickelte sich zu einem regelrechten Krippenzentrum: Pfarreien des Umlands deckten hier ihren Bedarf. Auch heute kommen Jahr für Jahr in der Weihnachtszeit Tausende von Besuchern nach Bamberg, um den schon traditionellen »Krippenweg« zu gehen, der in Kirchen, Museen und in die Krippenausstellung der »Bamberger Krippenfreunde e. V.« (Maternkapelle) führt. Dieser inzwischen 75 Jahre alt gewordene Verein hat es verstanden, durch derartige Ausstellungen in der Bevölkerung Begeisterung für die Krippe zu wecken. Besonderes Aufsehen erregten die »Krippenfreunde« aber durch die Einrichtung einer Krippenbauschule (1977), in der unter fachmännischer Anleitung und gegen geringes Entgelt Kurse für Interessierte durchgeführt werden. Der Erfolg spricht für sich: Die Kurse sind stets ausgebucht, und auswärtige Teilnehmer opfern oft sogar einen Teil ihres Urlaubs, um im Rahmen eines Wochenkurses in die »Geheimnisse des Krippenbaus« eingeweiht zu werden.
Diese »Geheimnisse« und Erfahrungen wollen wir an Sie weitergeben, Ihnen Tips verraten, die sonst nur Eingeweihte wissen, Sie anleiten, eine fränkische Heimatkrippe, eine orientalische Ruinenkrippe, eine Kleinkrippe (die in jeden Winkel paßt), eine Stallkrippe (einfach, aber von starker Wirkung) zu bauen. Ganz nach Ihrem Geschmack und Ihren Möglichkeiten. Sie können – wenn Sie eine fränkische Hauskrippe erstellt haben – auch noch einen original fränkischen Backofen oder einen täuschend echten Misthaufen dazu fertigen.
Die vorgestellten Modelle wurden sorgsam erarbeitet – wobei uns Dietrich Reinhardt, Stegaurach, bei einigen Arbeitsgängen half. Die Zeichnungen wurden nach Angaben von Jakob Gerner von Dipl. Ing. Elmar Stähr, Nürnberg, gefertigt.

Lassen Sie uns noch einen Wunsch äußern: Degradieren Sie die Weihnachtskrippe nicht zum Spielzeug! Die Krippe sollte stets vom Glauben und der Hoffnung künden.

Jakob Gerner
Hans-Günter Röhrig

7 »Herbergssuche«; Krippe nach dem Motiv »das Bärenloch in der Altstadt von Chur/Schweiz«, gebaut von Jakob Gerner.

WERKZEUG, MATERIAL UND VERSCHIEDENE ARBEITSGÄNGE

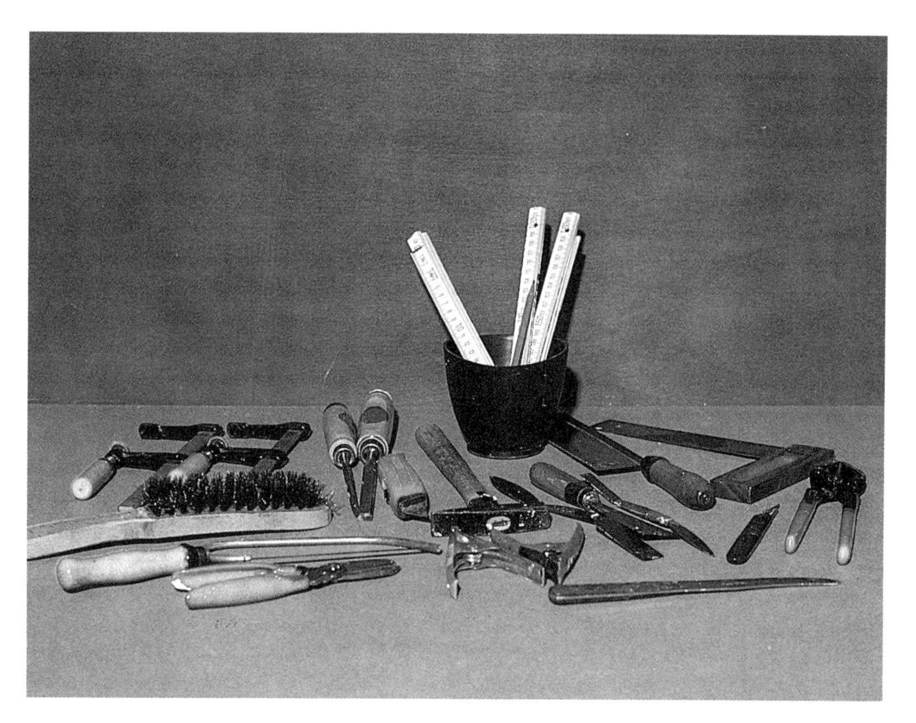

8 Zum Krippenbau werden Werkzeuge benötigt, wie sie jeder Bastler kennt und in der Regel auch zu Hause hat.

Benötigt werden Werkzeuge, wie sie jeder Bastler kennt und auch in der Regel zu Hause hat: Schnitzmesser, Hammer, Beißzange, Drahtbürste, Metermaß, Spachtel, Feile, Bohrer. Wünschenswert wäre eine elektrische Stichsäge oder eine kleine Bandsäge für Bastler. Ein Fuchsschwanz oder eine Laubsäge eignen sich aber auch. Der Arbeitsplatz sollte geräumig und stabil sein.

Ob Sie nun eine fränkische Heimatkrippe, eine alpenländische Krippe oder gar eine orientalische Ruinenkrippe bauen: Das Herstellen von Mauerwerk, Fenstern und Türen, von Gebälk und Dach, die Bearbeitung des Holzes, das Anbringen von Verputz, die Gestaltung der Landschaft sind immer gleich. Deswegen werden zunächst Tips und fachliche Hinweise gegeben, bevor die Anleitungen zum Bau der Krippen folgen. Erprobt seit Jahren in der Bamberger Krippenbauschule, erleichtern sie die Arbeit und vermitteln Hintergrundinformationen aus der »Trickkiste«.

Fenster und Türen

Türen können in verschiedener Formgestaltung (Sperrholz, 0,4 cm Stärke) gefertigt werden. Das Größenausmaß richtet sich nach dem Bauwerk. Rillen werden mit einem scharfen Messer in das Sperrholz eingeschnitten. Als Fensterglas kann Folie (Gefrierbeutel, Aktenhülle) verwendet werden.
Um Fenster und Türen im Mauerwerk zu **verstärken**, wird jeweils auf der Rückseite ein ca. 1–2 cm breiter Streifen aus Spanplatte (1 cm Stärke)

9 Gestaltungsvorschlag für Tür und Fenster.

10 Beispiele für die Gestaltung von Türen. Diese können sowohl für heimatliche als auch orientalische Krippen verwendet werden.

– Material kann auch Abfall sein – angeleimt. Denselben Effekt erreicht man auch durch das Aufleimen von Leistchen (2 cm × 0,2 cm) in den Innenseiten der Türen und Fenster. Für heimatliche Krippen werden als Tür- und Fenstereinrahmungen Streifen aufgeklebt (Abb. 12).

Für **Bogenfenster** verwendet man zweckmäßig Kartonstreifen statt Holzleistchen.

Das **Fensterkreuz** in Fenstern der heimatlichen Krippen besteht aus dünnen Stäbchen. Für **orientalische Fensterfüllungen** eignet sich besser gitterähnliches Material. Verwendet werden können dazu beispielsweise Fliegengitter, Stramin, Lamellen von Autobatterien oder enges Korbgeflecht.

11 Einrahmungen für Tür und Fenster aus Streifen.

12 Um eine größere Mauerstärke zu erzielen, werden Fenster und Türen durch Leistchen verstärkt.

13 Als Einrahmungen für Bogenfenster sollten Kartonstreifen verwendet werden.

14 Gestaltung von Fenster für orientalische Krippen.

9 △

10 △

11 △

12 △

13 ▽

14 ▽

15 Brechen der Kanten mit dem Schnitzmesser.

16 Aufrauhen der Leistchen mit einer Drahtbürste.

17 Fertigung von Schindeln.

18 Aufleimen der Schindeln auf der Dachoberfläche.

Gebälk und Dach

Bearbeitung des Holzes: Bei den Leistchen (sie werden gebraucht für das Fachwerk, Gebälk, Zäune) müssen mit einem scharfen Schnitzmesser die Kanten unregelmäßig gebrochen und mit einer Drahtbürste nachbehandelt werden.

Herstellung von Schindeln: Von einem – nach Möglichkeit – ca. 2,5 cm starken Brett (Weichholz, z. B. Fichte) werden entgegen der Maserung etwa 0,2 cm starke Streifen mit Messer und Hammer abgeschlagen.
Später werden auf das vorbereitete Dach (Sperrholzplatte) die einzelnen Schindeln aufgeleimt, wobei zu beachten ist, daß am unteren Rand des Daches eine Leiste (0,5 × 0,3 cm) quer zum Schindelverbund aufgeleimt werden muß. Nach dem Trocknen sollte zur Verbesserung der Struktur das Schindeldach in Maserrichtung mit einer Drahtbürste aufgerauht werden.

19 Erstellung des Daches mit Ziegeln.

20 Ziegeln und Schindeln stets in versetzter Reihenfolge anbringen.

Ziegel: Aus Balsaholz oder aus Holzspateln (als Holz-Mundspatel in der Apotheke erhältlich) werden Dachziegel hergestellt. Sie können aber auch hölzerne Eisstiele sammeln und davon kleinere Ziegel abschneiden. Das Aufkleben erfolgt wie bei den Schindeln. Auch hier sollte beachtet werden, daß vor dem Auftragen der ersten Reihe eine Leiste quer zum Ziegelverbund auf das Grundbrett aufgeleimt wird.

Dach für orientalische Krippen: Dafür werden aus Wellkarton Streifen ausgeschnitten, wobei man eine Seite der Pappe abzieht. Die Überlappungen der einzelnen Streifen sollten etwa jeweils $^1/_3$ betragen. Zur Festigung der Wölbung – nach Auftrag der Pappe auf die Dachplatte – stark verdünnten Leim auftragen.

19 △

20 △

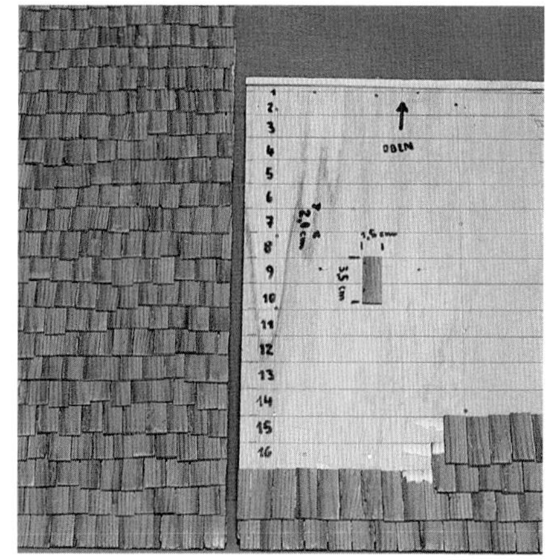

21 △

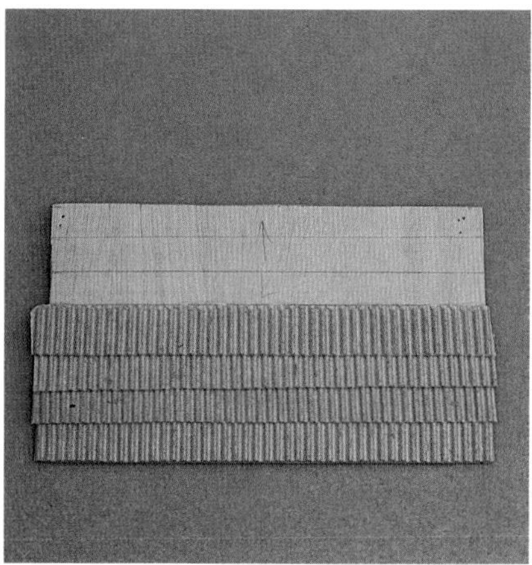

22 △

23 ▽

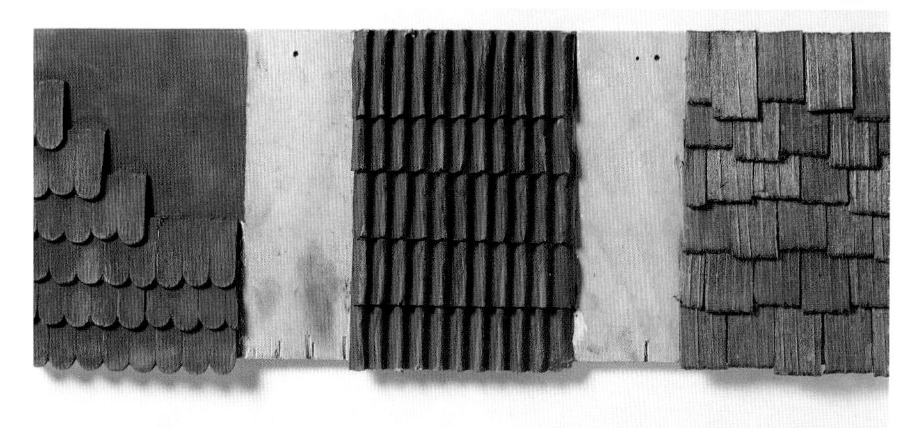

21 Zum Auftragen der Schindeln (Ziegel) wird das Dach vermaßt und Hilfslinien eingezogen.

22 Streifen aus Wellkarton überlappt auf das Dachbrett aufleimen.

23 Die drei Dachtypen im Überblick: Ziegeln, Wellpappe, Schindeln (von links nach rechts).

24 Für das Mauerwerk werden Würfel aus Styropor oder Styrodur in verschiedenen Größen aufeinandergeleimt.

25 Nach dem Trocknen wird die Mauer mit der Drahtbürste oder mit groben Schleifpapier behandelt.

26 Fertiges Mauerwerk nach Verputz und Bemalung.

Mauerwerk, Putz und Anstrich

Mauerwerk: Aus Styropor, besser aus Styrodur, werden unregelmäßige Würfel geschnitten und mit einem scharfen Messer an den Kanten unregelmäßig gebrochen. Die so gefertigten Würfel setzt man – ebenfalls unregelmäßig – aufeinander und verleimt sie. Um die Stabilität zu verbessern, werden längere Nägel – besser sind Drahtstäbchen – von oben nach unten eingesteckt. Nach Trocknen des Leims kann mit der Drahtbürste die Oberflächenstruktur verbessert werden.
Wer sich nicht die Mühe machen will, aus Styrodur einzelne Würfel zu fertigen und zusammenzusetzen, kann in die Styrodurfläche (0,5 bis 0,8 cm Stärke) Streifen, die das Mauerwerk andeuten, einschneiden. Das geschieht mittels eines Brennstabes. Achtung: Nur bei geöffnetem Fenster oder im Freien arbeiten, da bei diesem Arbeitsvorgang giftige Dämpfe entstehen! Aber auch mit einem Schnitzmesser lassen sich in Styrodur Fugen herausschnitzen.

Putz: Nach Fertigstellung des Geländes und des Bauwerks müssen beide mit Krippenmörtel überzogen werden. Dafür werden Spachtel und Pinsel benötigt (Abb. 27, 28).
Herstellung des **Krippenmörtels:** 60 Prozent Sägemehl werden mit 40 Prozent Schlämmkreide vermischt und mit stark sämigem Kaltleim (dazu wird der Leim mit kaltem Wasser so weit verdünnt, bis dieser wie stark sahnige Milch aussieht) verrührt. Für feinen Putz verwendet man besser Schleifmehl.
Die zum Verputz vorgesehene Fläche bestreicht man zuerst mit leicht sämigem Leimwasser. Dann wird der Putz mit Pinsel oder Spachtel aufgetragen. Bitte beachten Sie, daß Sie den Krippenmörtel nicht zu dick auftragen, da der Putz sonst reißen kann.
Sollen Putzschäden auf dem Mauerwerk angedeutet werden, ist an dieser Stelle der Mörtel dünn aufzutragen, um die Abgrenzung zwischen Stein- und Putzfläche besser kenntlich zu machen.
Ist der so aufgetragene Putz leicht angetrocknet, werden mit einem spitzen Gegenstand (Nagel, Schraubenzieher) die Fugen eingeritzt.
Putzschäden, die das Krippengebäude älter aussehen lassen, können aber auch dargestellt werden, indem man vor Auftragen des Krippen-

27 Verfugtes Mauerwerk wird mittels eines Pinsels mit dünnflüssiger Verputzmasse überzogen.

28 Auftrag der Streichmasse (Putz) mit dem Modellierspachtel.

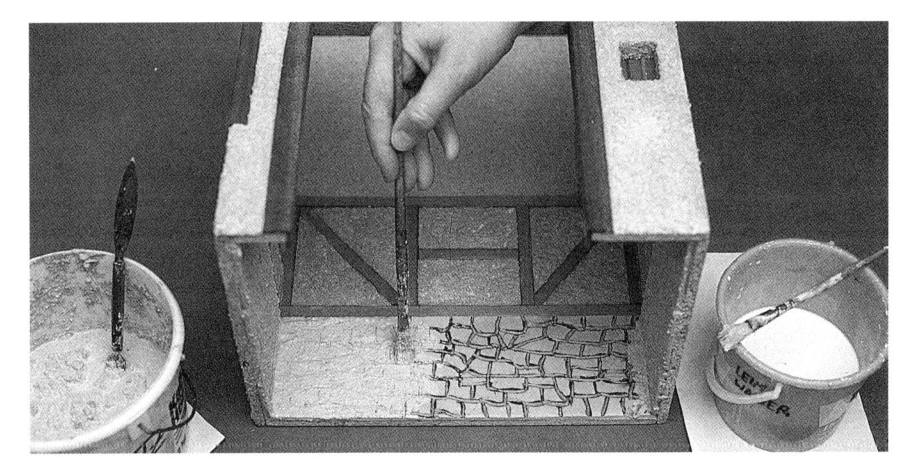

mörtels kleine Steine aus Filz, Kork, Rinde oder Styropor aufklebt (s. Abb. 29). Diese Stellen werden dann nur ganz schwach unter Zuhilfenahme eines Pinsels mit der Mörtelmasse überzogen, wobei zu beachten ist, daß zuvor alles mit Leimwasser getränkt wurde.
Sind nun Gebäude und Landschaft verputzt und die Teile gut durchgetrocknet, wird alles mit einer wisch- und wasserfesten weißen Farbe, am besten weiße Dispersionsfarbe, angestrichen. Ausgenommen sind die Dächer aus Schindeln, Ziegeln und Wellpappe sowie Holzteile wie Balken und Zaun.

Bemalen: Die mit Krippenmörtel überzogenen und dann weiß gestrichenen Flächen werden je nach Art der Krippe farbig behandelt. Wir schlagen dafür Erdfarben vor, die mit dünnem Leimwasser aufgetragen und nach leichtem Antrocknen mit einem mäßig nassen Schwamm (Wischtechnik) nachbehandelt werden. Für sichtbare Holzteile können ebenfalls Erdfarben oder Beize verwendet werden. Die Ziegel auf dem Dach streicht man mit roter Erdfarbe ein und tönt sie nach dem Trocknen leicht mit Umbra oder Schwarz ab.

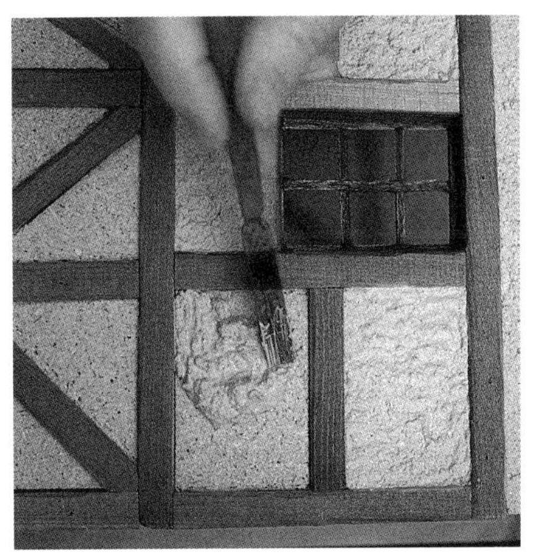

29 Mauerwerk mit Putzschaden.

30 Unterschiedliche Gestaltung von Mauerteilen.

31 Bäume und Sträucher, gefertigt aus Wurzeln und Gartenpflanzen.

32 Gartenzaun mit Sträuchern aus Thymian und Lavendel.

33 Hirschheiderich ist wegen seiner ausladenden Äste gut zum Füllen geeignet.

34 Künstliche Pflanzen, die in Bastelgeschäften oder in Gartencentern erworben werden können.

Krippenbotanik

Nicht immer muß Moos zur Gestaltung verwendet werden. Wirkungsvoller sind Pflanzen, Stauden und Wurzeln, die als Gebüsch oder Bäume in der Landschaft hervorragend geeignet sind. Im Küchengarten finden wir kleinwüchsige und kleinblättrige Pflanzen wie Salbei oder Thymian. Schleierkraut gibt es beim Gärtner. Auch Zierwacholder kann sehr reizvoll sein. Beim Zurückschneiden von Hecken finden sich manchmal schön geformte Verästelungen, die als Bäume verwendet werden können. Geeignet sind auch Heidelbeerstauden, Berberitze, Zweige vom Buxbaum, Wurzeln der Föhre. Für Ölbäume, die einer orientalischen Krippe gut anstehen, können sämtliche Arten der Scheinzypresse, Hirschheiderich, Astilben, Staditien, Rainfarn, Schafgarbe und im Herbst blühendes Heidekraut genommen werden.
Den Pflanzen muß, damit sie haltbar bleiben, das Wasser entzogen werden. Dazu kommen sie noch am gleichen Tag, an dem sie gepflückt werden, in eine Konservierungslösung.

Zur Konservierung sind zwei aufeinanderfolgende Bäder notwendig. Für das erste Bad werden 2 l Wasser, 1/4 l Formalin und 1/4 l Glyzerin vermischt oder nach Bedarf ein Vielfaches. In dieser Lösung bleiben die Pflanzen vier bis fünf Tage. Herausgenommen läßt man sie ungefähr zwei bis drei Stunden antrocknen. Anschließend werden sie in das zweite Bad gegeben, das aus 2 l Wasser und 1/4 l Glyzerin besteht. In diesem Bad verbleiben die Pflanzen nochmals 14 Tage. Dann aus der Lösung nehmen und trocknen lassen. Achtung: Da Formalindämpfe giftig sind, darf das erste Bad niemals in geschlossenen Räumen aufgestellt werden. Braun gewordene Blätter können grün nachgefärbt werden. Bastelgeschäfte oder Gartencenter bieten oftmals künstliche, baumähnlich geformte Artikel an. Übrigens: Auch Bonsai-Pflanzen eignen sich sehr gut zum Gestalten der Krippenlandschaft.
Bitte beachten Sie: Werden Bäume bei der Krippe aufgestellt, ist stets auf das Größenverhältnis zu achten: Für 18-cm-Figuren müssen die Bäume eine Mindesthöhe von 50 cm besitzen.

35 Krippenzubehör, das in Fachgeschäften gekauft oder auch selbst hergestellt werden kann.

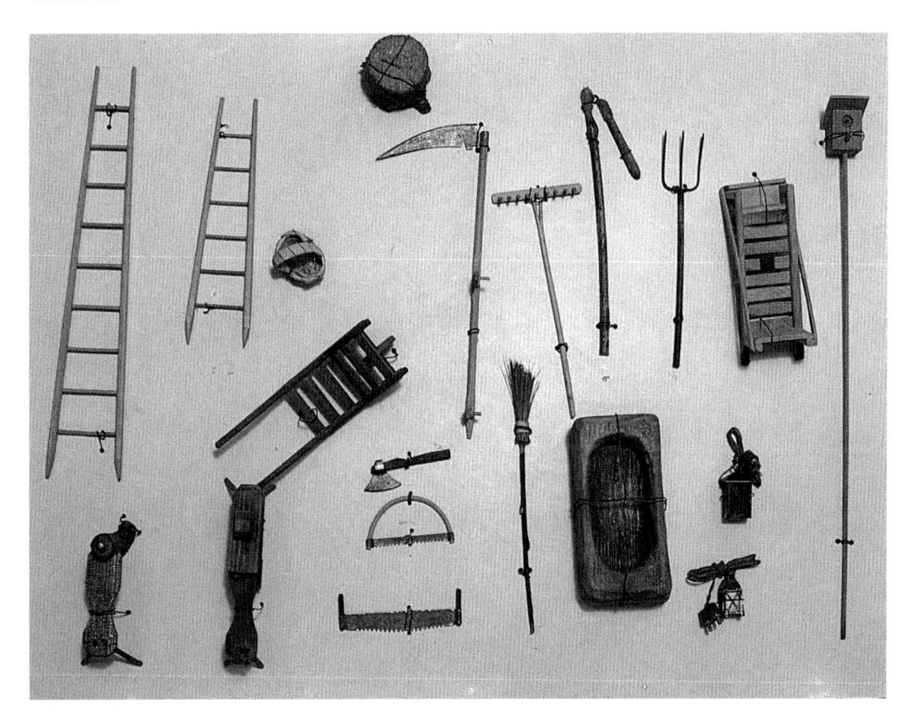

Krippenzubehör

Die Krippenszene statten wir mit Details aus: mit Besen, Sägen, Sensen, Rechen, Futtersäcken, Schubkarren oder Leitern. Allerdings ist hier einige Zurückhaltung angebracht: Das Beiwerk sollte sich nicht aufdrängen. In Fachgeschäften gibt es entsprechendes Zubehör zu kaufen. Man kann es aber auch leicht selbst herstellen, entweder nach Originalen oder nach Vorlagen in Büchern mit bäuerlichem Gerät. Man sollte aber auch hier immer das richtige Größenverhältnis im Auge haben: Die Gegenstände müssen in ihren Maßen zu den Figuren, zum Stall oder Haus und zum Stil der Krippe passen.

KRIPPENMETER

In der Regel richtet sich die Größe der Krippe nach den vorhandenen Figuren. Der Krippenbauer wird dabei auf die richtige Proportion, das heißt auf die Größenverhältnisse, achten. Schließlich soll ja die heilige Familie nicht größer sein als das Krippenhaus.
Heute gilt allgemein der Grundsatz: Der menschliche Körper mißt etwa das Siebeneinhalbfache seiner Kopflänge. Bei waagrecht ausgebreiteten Armen nimmt die Entfernung von Fingerspitze zu Fingerspitze eine Körperlänge ein; die Breite der Schultern beträgt knapp die doppelte Kopflänge! Die Beine bis zum Rumpfansatz entsprechen der Hälfte der Gesamthöhe. Das hört sich – zugegeben – etwas kompliziert an, ist aber zur Anfertigung von Figuren ein praktisches Hilfsmittel.
Zum Beispiel läßt sich so für 18-cm-Krippenfiguren eine Kopflänge von 2,4 cm, eine Beinlänge von 9 cm, eine Spannweite von 18 bis 19 cm und eine Schulterbreite von 4 bis 4,5 cm errechnen.
Um die Maße der Krippenbestandteile zu ermitteln, gehen Sie folgendermaßen vor: Auf einem Millimeterpapier wird im Punkt 0 ein Achsenkreuz aufgetragen. Die Waagrechte stellt den Normalmeter (NM) dar und wird im Maßstab 1:10 in Dezimeter unterteilt (1 Zentimeter auf dem Papier entspricht 10 Dezimetern in Wirklichkeit), während die Senkrechte im Maßstab 1:1 eine Zentimetereinstellung erhält und den sogenannten Krippenmeter (KM) angibt.

Laut wissenschaftlichen Untersuchungen liegt die Durchschnittsgröße eines Menschen bei 1,70 Meter. Dieser Wert ist die Grundlage für diese graphische Darstellung, den »Krippenmeter«. Auf der Waagrechten (NM) wird beim Maß 1,70 Meter eine Parallele zur Senkrechten (KM) gezogen und auf der Senkrechten (KM) bei der jeweiligen Figurenhöhe (im Beispiel 14 cm) eine weitere Parallele zur Waagrechten (NM) gezogen. Beide Parallelen schneiden sich im Punkt S. Die zeichnerische Verbindung zwischen Nullpunkt und Punkt S ergibt die sogenannte Leitlinie für unseren Krippenmaßstab. Mit Hilfe dieser Leitlinie kann das Verhältnis der einzelnen natürlichen Maße zum Größenmaß der vorgegebenen Figurengröße auf der Senkrechten (KM) abgelesen werden.

Dazu einige praktische Beispiele (vgl. Abb. 37, Seite 18):
1. Normale Höhe eines Stuhlsitzes beträgt 0,46 m
2. Normale Höhe eines Tisches beträgt 0,75 m
3. Normale Höhe eines Fenstersimses beträgt 1,0 m
4. Normale Höhe einer Fensterhöhe beträgt 1,20 m
5. Normale Höhe einer Türhöhe beträgt 2 ,0 m
6. Normale Höhe einer Türbreite beträgt 0,85 cm

Auf der Senkrechten (KM) entsprechend abgelesen ergibt das:
1. = 3,6 cm
2. = 6,2 cm
3. = 8,3 cm
4. = 9,8 cm
5. = 16,5 cm
6. = 7,0 cm

36 Mit dem Krippenmeter lassen sich anhand der Leitlinien die entsprechenden Maße ablesen. Hier die Maße für 12, 14, 17 und 19 cm große Figuren.

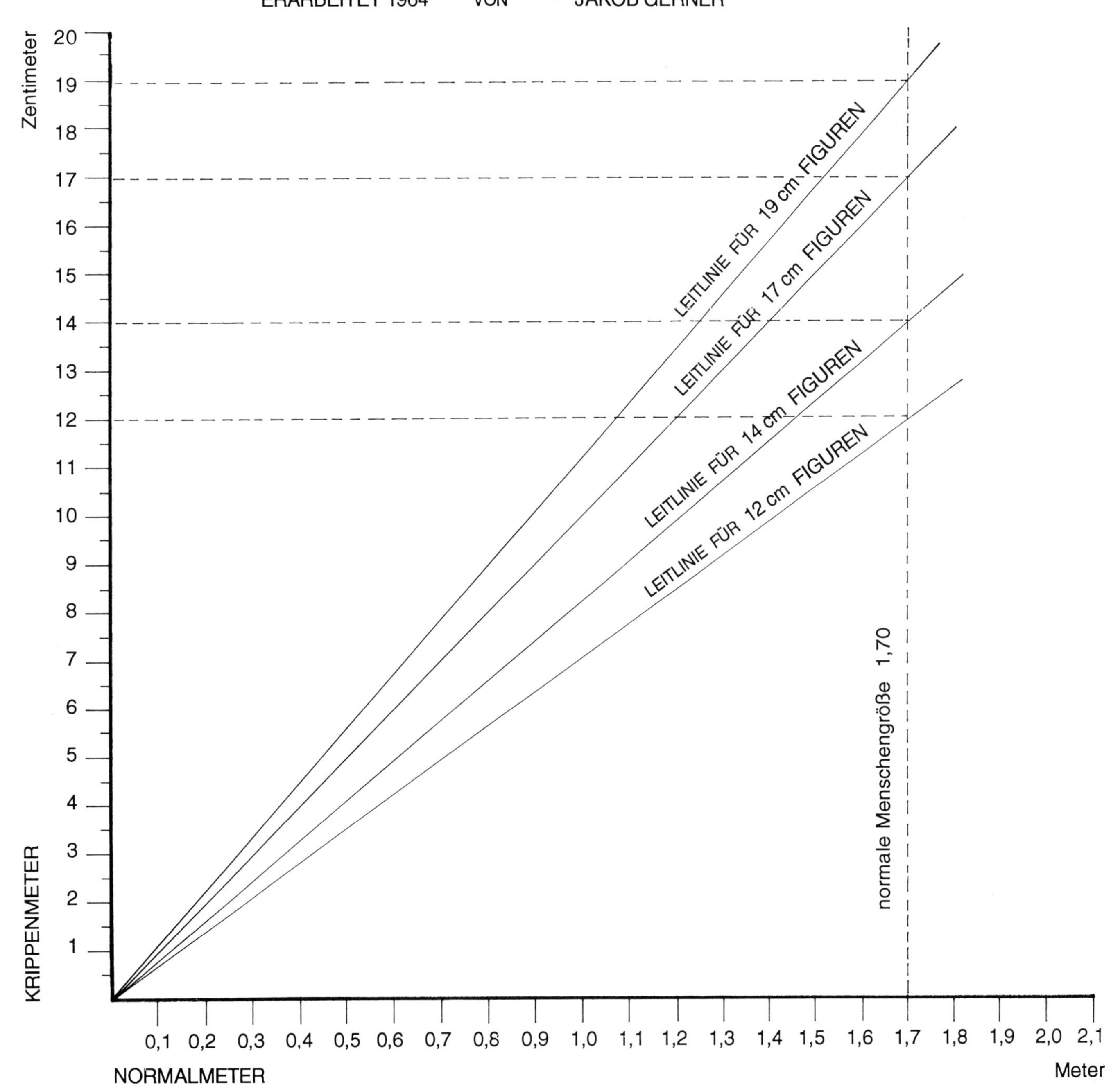
GRAPHISCHER KRIPPENMETER
ERARBEITET 1964 VON JAKOB GERNER
Zentimeter
20
19
18
17
16
15
14
13
12
11
10
9
8
7
6
5
4
3
2
1
KRIPPENMETER
LEITLINIE FÜR 19 cm FIGUREN
LEITLINIE FÜR 17 cm FIGUREN
LEITLINIE FÜR 14 cm FIGUREN
LEITLINIE FÜR 12 cm FIGUREN
normale Menschengröße 1,70
0,1 0,2 0,3 0,4 0,5 0,6 0,7 0,8 0,9 1,0 1,1 1,2 1,3 1,4 1,5 1,6 1,7 1,8 1,9 2,0 2,1
NORMALMETER
Meter

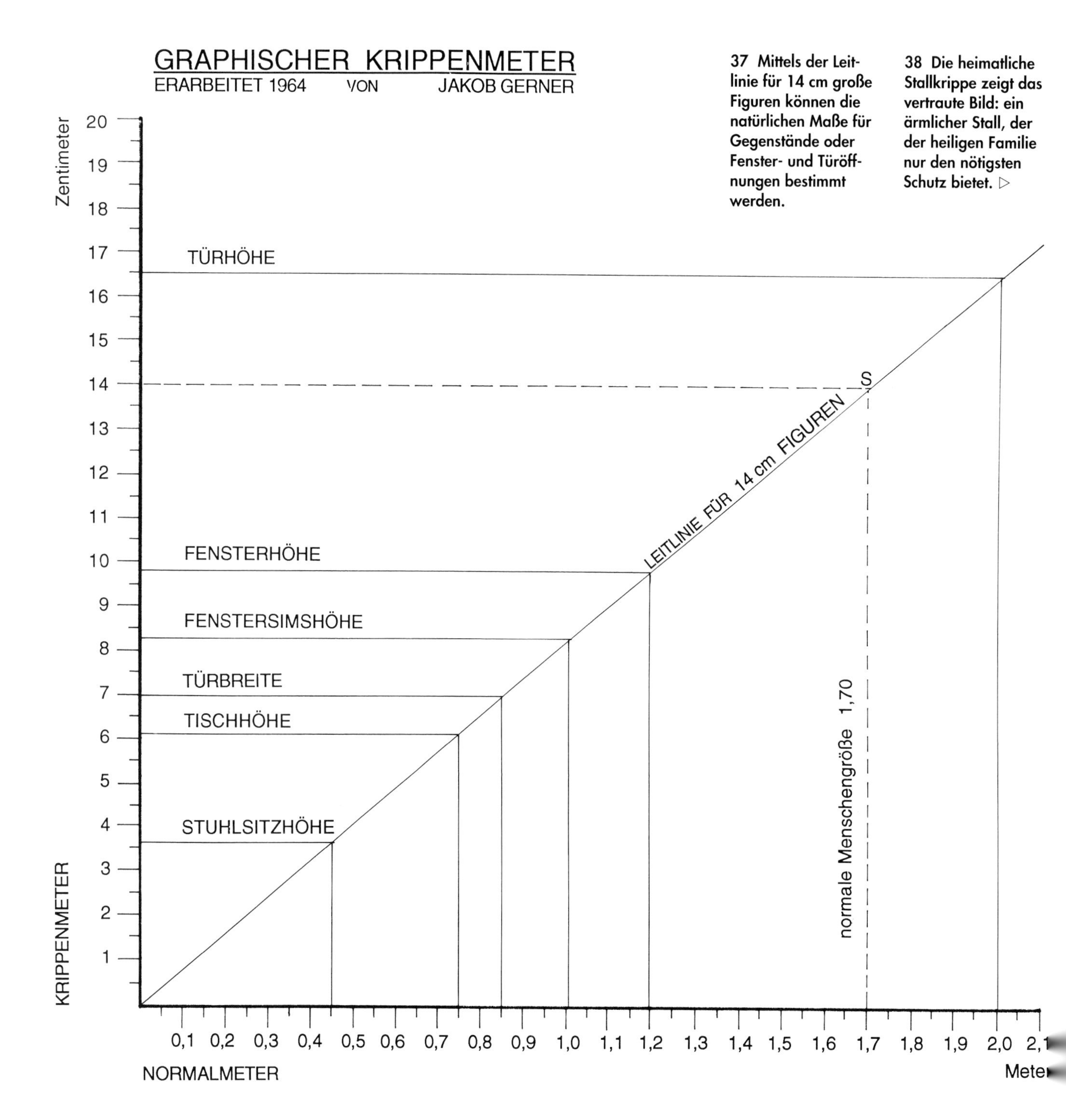

37 Mittels der Leitlinie für 14 cm große Figuren können die natürlichen Maße für Gegenstände oder Fenster- und Türöffnungen bestimmt werden.

38 Die heimatliche Stallkrippe zeigt das vertraute Bild: ein ärmlicher Stall, der der heiligen Familie nur den nötigsten Schutz bietet. ▷

HEIMATLICHE STALLKRIPPE

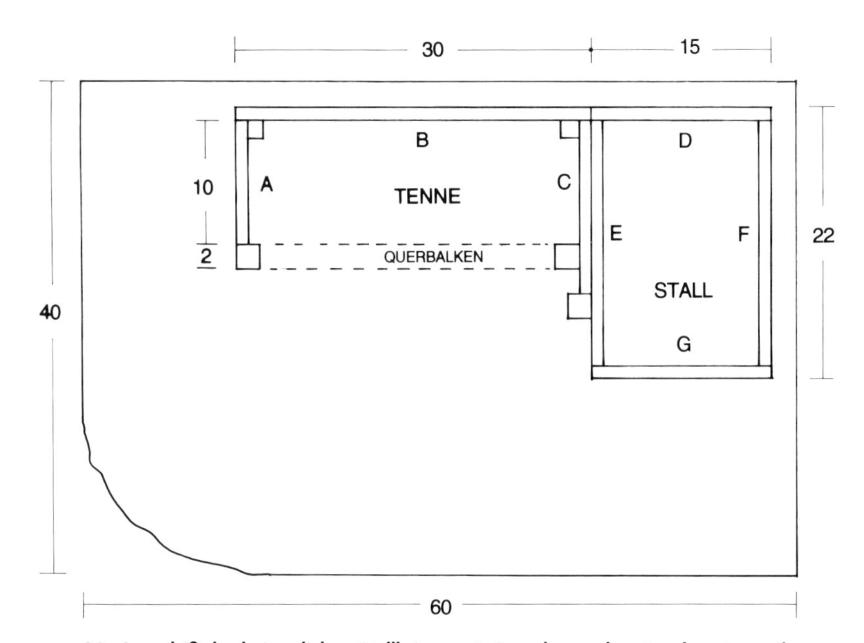

39 Grundriß der heimatlichen Stallkrippe mit Anordnung der einzelnen Bauteile.

Ein vertrautes Bild: Die heilige Familie, Ochs und Esel im Schutz eines schlichten Stallgebäudes. Dazu das winterliche kahle Astwerk, Fels und ein wenig Grün. Bei dieser Szene fällt es nicht schwer, sich in das Weihnachtsgeschehen hineinzudenken.

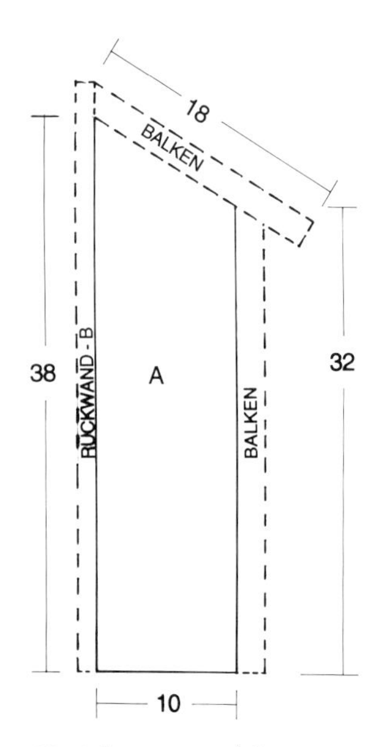

40 Linker Seitenteil der Tenne.

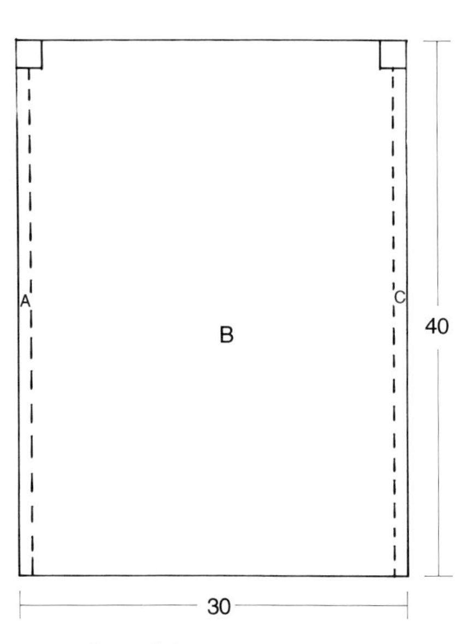

41 Rückwand der Tenne.

Material und Maßangaben

Grundplatte: 60×40 cm Spanplatte
A: 10×38 cm Spanplatte
B: 30×40 cm Spanplatte
C: 16×38 cm Spanplatte
D: 15×46 cm Spanplatte
E: 22×46 cm Spanplatte
F: 22×46 cm Spanplatte
G: 15×33 cm Spanplatte
Stärke der Spanplatte jeweils 1,0 cm
Sperrholz: 16×29 cm und 25×30,5 cm (0,4 cm stark)
Kanthölzer (2,0×2,0 cm): 2,0 m
Leisten (1,5×0,2–0,3 cm)
Balsaholz
Styropor
Leim
Krippenmörtel
Erdfarben
Beize

Figurengröße: 18 cm

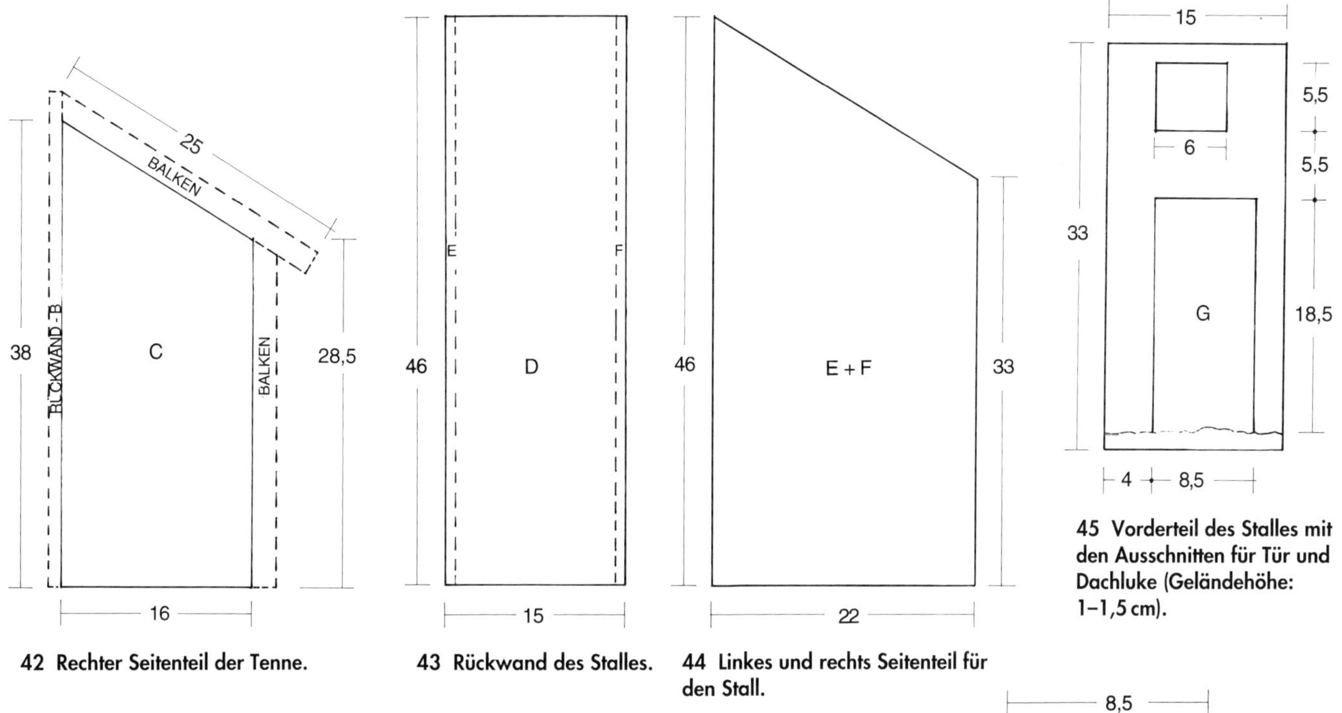

42 Rechter Seitenteil der Tenne.

43 Rückwand des Stalles.

44 Linkes und rechts Seitenteil für den Stall.

45 Vorderteil des Stalles mit den Ausschnitten für Tür und Dachluke (Geländehöhe: 1–1,5 cm).

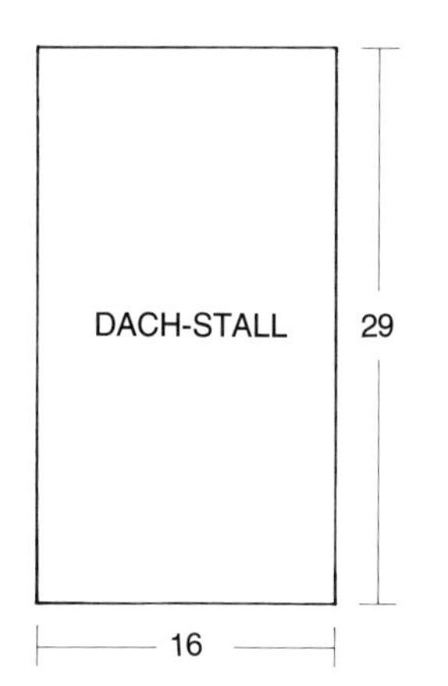

46 Dach des Stalles.

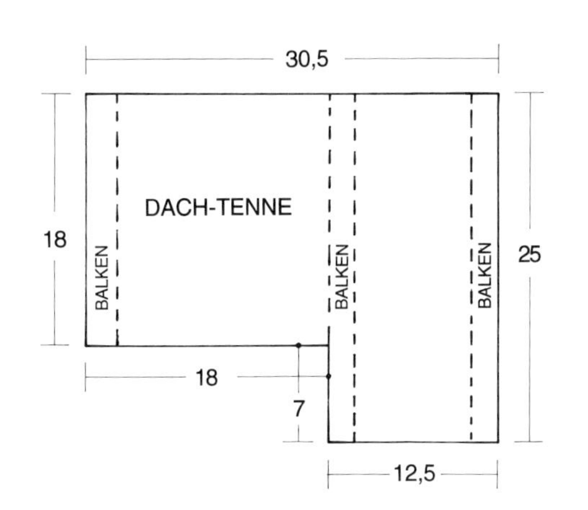

47 Dach der Tenne. Zu beachten ist, daß das Dach teilweise über die Tenne hinausragt. Zuvor müssen drei Balken dem Dach untergeleimt werden, die wiederum auf einem Querbalken aufliegen.

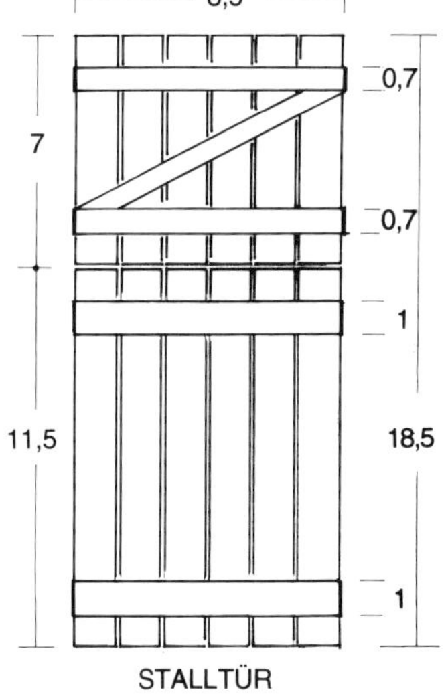

48 Stalltüre mit getrennter Oberlichttür. Sie kann entweder fest an die Stallwand G geleimt werden oder extra gefertigt werden, wobei man aus Weichblech Türscharniere – um die Tür öffnen zu können – herstellen kann.

49 **Linke Seitenansicht der heimatlichen Stallkrippe mit Baum und Holzstoß.**

Schritt für Schritt

Als Bodenbrett nehmen wir eine 1,0 cm starke Spanplatte (60 × 40 cm). Aus demselben Material schneiden wir auch die einzelnen Teile zu: für den Stall mit darüber liegendem Heustadel eine Spanplatte G in den Maßen 15 × 33 cm. Das ist die Vorderfront, in die die Öffnungen für die Tür (18,5 × 8,5 cm) und für die Dachluke (6,0 × 5,5 cm) eingeschnitten werden. Die beiden Seitenteile E und F sind gleich groß: 22 × 46 cm, wobei die Schräge des später aufzusetzenden Daches berücksichtigt werden muß, so daß eine Seite nur 33 cm hoch ist. Die Rückwand D mißt 15 × 46 cm, und die Dachplatte 16 × 29 cm. Diese Teile leimen wir zusammen und nageln sie fest. Etwas über der Türöffnung ziehen wir eine Zwischendecke ein, die auf zwei Balken (Vierkanthölzer) liegt.
Die Rückwand B der Tenne mißt 30 × 40 cm, die Seitenwände A und C sind 38 × 10 cm und 16 × 38 cm groß. Auch hier ist die Dachschräge zu beachten, so daß an der Vorderseite das Brett nur noch 32 bzw. 28,5 cm hoch ist. Diese Teile leimen und nageln wir ebenfalls zusammen.

Balkenkonstruktion: Dafür werden Vierkanthölzer (2,0 × 2,0 cm) verwendet. Die Querbalken leimen wir in 30 cm Höhe an die linke Seitenwand und auf die Rückwand der Tenne. In der linken und rechten Ecke in der Tenne befestigen wir senkrecht einen Balken, der etwas weiter vorragt und dem wir mit dem Schnitzmesser an der Vorderseite ein Profil durch einfaches Einkerben geben. Für die senkrechten Balken an der Vorderfront der Tenne links und rechts unter dem Schleppdach, nehmen wir ebenfalls Vierkanthölzer (Abb. 39, 40, 41, 47 u. 49). Die Kanten dieser Balken werden unregelmäßig mit dem Messer abgestumpft. Auf die Balken unter dem Dach leimen wir unterschiedlich breite Holzleisten (1,5 bis 2,0 cm), die zuvor mit der Drahtbürste behandelt wurden und schließen somit die Tenne nach oben ab.

Dach: Die Ziegel für das Dach können mit Holzspateln oder aus Balsaholz hergestellt werden. Sie benötigen zwei Streifen Balsaholz in Stärke von 1,5 mm und unterteilen jedes Brett der Breite nach in fünf Teile – was jeweils Streifen in 2 cm Breite er-

gibt. Diese Streifen werden längs in 25 Teile geschnitten; das ergibt dann Blättchen in der Größe von 2×4 cm. Von jedem Stück schneiden wir an einem Ende rechts und links mit der Schere jeweils ein kleines Dreieck von 1,5×2 mm ab. Mit mittelkörnigem Schleifpapier runden Sie diese Ecken ab und erreichen so eine ziegelähnliche Form. Bevor man die Ziegel auf das Dach leimt, werden sie mit dem Messer am unbehandelten oberen Drittel etwas abgeflacht. Damit ist eine bessere Lage auf dem Dach zu erzielen. Wir brauchen noch ca. 26 halbe Ziegel und halbieren deshalb 13 Ziegel einfach der Länge nach. Außerdem schneiden wir noch etwa 20 halbe Ziegel in der Breite für den Dachabschluß zu.
Vor dem Anleimen wird an den unteren Rand des Daches eine Leiste (0,5×0,3 cm) quer zum Ziegelverbund angebracht. Dann werden die Ziegel von unten nach oben angeleimt. Die unterste Reihe soll das Dachbrett ca. 3 mm überstehen. Wir beginnen am äußeren Rand des Daches mit einer halben Ziegel, der dann wieder ganze Ziegel folgen. Das ist bei jeder Reihe so. Die nächsten Ziegelreihen werden immer in 2 cm Abstand zu den vorigen Ziegeln aufgelegt und zwar so, daß sie stets über der Naht der unteren Ziegel liegen. Sollten die Ziegel am Ende der Reihe überstehen, leimen Sie sie trotzdem auf und schnitzen nach dem Trocknen einfach die Überstände mit einem scharfen Messer weg.

Jetzt fertigen wir die Dachluke und die Stalltür (Abb. 48, 50 u. 51). Die Dachluke ist 6,0×5,5 cm groß. Auf zwei Brettchen leimen wir Holzleistchen. Darauf setzen wir zwei Querbretter und ein Stützbrett dazwischen. Die unterteilte Stalltür ist unten 8,5×11,5 cm und im oberen Teil 8,5×7,0 cm groß. Auch hier werden schmale Leistchen auf zwei Querbretter geleimt und auf der Außenseite mit Halteleisten versehen. Die obere Tür ist etwas in schiefer Lage angebracht. Um dies zu erreichen, wurde sie auf Pappe geleimt, die nach hinten fällt. Tür und Luke (an den Ecken Leim anbringen und von rückwärts ankleben) erst in den Stall einpassen, wenn er verputzt ist.

50 Vorderansicht des Stalles mit Tür und Dachluke.

51 Stalltüre (Ansicht der Rückseite).

52 Rechte Seitenansicht mit aufgetragenem Putz.

Putz: Der Putz besteht aus Krippenmörtel (siehe S. 12). Die Stellen, die verputzt werden, müssen zuvor mit Leimwasser bestrichen werden. Der Stall weist an mehreren Stellen freigelegtes Mauerwerk auf. Um diesen Effekt zu erzielen, wird hier der Putz stärker aufgetragen. Wenn dieser halb angetrocknet ist, ziehen wir mit einem Schraubenzieher oder einem Nagel das Fugwerk ein. Für die Grundierung der verputzten Wände wird weiße Dispersionsfarbe verwendet. Das freigelegte Mauerwerk wird nach der Grundierung mit Rot eingefärbt und mit einem nassen Schwamm behandelt, allerdings erst wenn die Farbe leicht angetrocknet ist. Sind die mit weißer Dispersionsfarbe grundierten Wandflächen trocken, rühren wir mit Leimwasser etwas schwarze Pulverfarbe an und gehen damit über die Wände. Die Farbe wird aber sofort mit einem nassen Schwamm wieder abgewischt. Nach Möglichkeit die Holzteile nicht einfärben, da diese anschließend mit Holzbeize behandelt werden.

Gelände und Bemalung: Ist das Dach aufgeleimt, der Verputz an Stall und Tenne angebracht und farblich gefaßt, wird die Krippe auf dem Bodenbrett angeleimt und von unten her festgenagelt oder angeschraubt. Nun nehmen wir eine 1,5 cm starke Styroporplatte und passen sie auf der Grundfläche ein. Wir leimen sie an und befestigen sie noch mit kleinen Drahtstiften. Mit einem scharfen Messer oder einer groben Raspel wird von der Vorderkante ausgehend diese Platte unförmig abgeschrägt und so ein Gelände gestaltet. Der Phantasie ist dabei keine Grenze gesetzt. Mit kleinen Styroporteilen kann man zusätzlich kleine Geländeerhebungen, Felsen oder Steinpartien gestalten (Abb. 49). Der Standplatz der Figuren sollte allerdings eben sein.
Wir bestreichen das Gelände ebenfalls mit Krippenmörtel und grundieren mit weißer Dispersionsfarbe. Auf ein Brett oder auf eine Glasplatte geben wir Erdfarben, die in jedem Farben- oder Malergeschäft zu haben sind: Schwarz, Ocker, Umbra, Grün, Braun und Rot. Mit Leimwasser wird eine leichte, flüssige Ockerfarblösung angerührt, mit der wir das Gelände überziehen. Anschließend

53 **Darstellung von Putzschäden an der Stallwand.**

überpinseln wir es mit Umbra – einmal leicht, dann wieder etwas stärker – und verwischen alles nach leichtem Antrocknen mit dem mäßig nassen Schwamm. Wo Mauerteile mit dem Gelände zusammentreffen, tragen wir Umbra stärker auf, um so die Verwitterungsschäden, die hier am stärksten sind, deutlich zu machen. An manchen Stellen kann auch Grün auftauchen. Wenn man aufmerksam die Natur beobachtet, kann bei der Farbgebung des Geländes nichts falsch gemacht werden.
Das Dach haben wir mit ziegelroter Farbe überzogen. Ist diese getrocknet, pinseln wir noch Umbra oder Schwarz auf das Dach, aber entgegen der Ziegeldeckung von unten nach oben, damit sich an den Stellen, die Verwitterungsschäden andeuten sollen, dunkle Ränder oder Flecken halten. Abschließend wischen Sie mit einem leicht befeuchteten Schwamm von unten nach oben.

ALPENLÄNDISCHE KLEINKRIPPE

Stille und Intimität prägen dieses Bild. Das heimelige Stallgebäude ist der geeignete Rahmen für die in sich gekehrte Situation. Es schirmt und bewahrt die kleine bäuerliche Gruppe.

Material und Maßangaben

Grundplatte: 41 × 23 cm Spanplatte (1,0 cm stark)
Rückwand: 39 × 30 cm Spanplatte (1,0 cm stark)
Kanthölzer (1,5 × 1,5 cm): 1,50 m
Leisten (2,5 × 0,3 cm): 5,0 m
Leisten (2,0 × 0,3 cm): 1,5 m
Leim
Krippenmörtel
Erdfarben
Beize

Figurengröße: 19 oder 20 cm

54 Alpenländische Kleinkrippe.

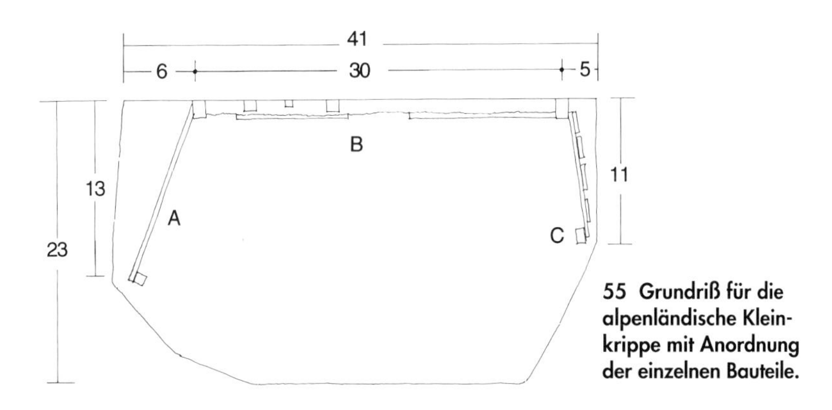

55 Grundriß für die alpenländische Kleinkrippe mit Anordnung der einzelnen Bauteile.

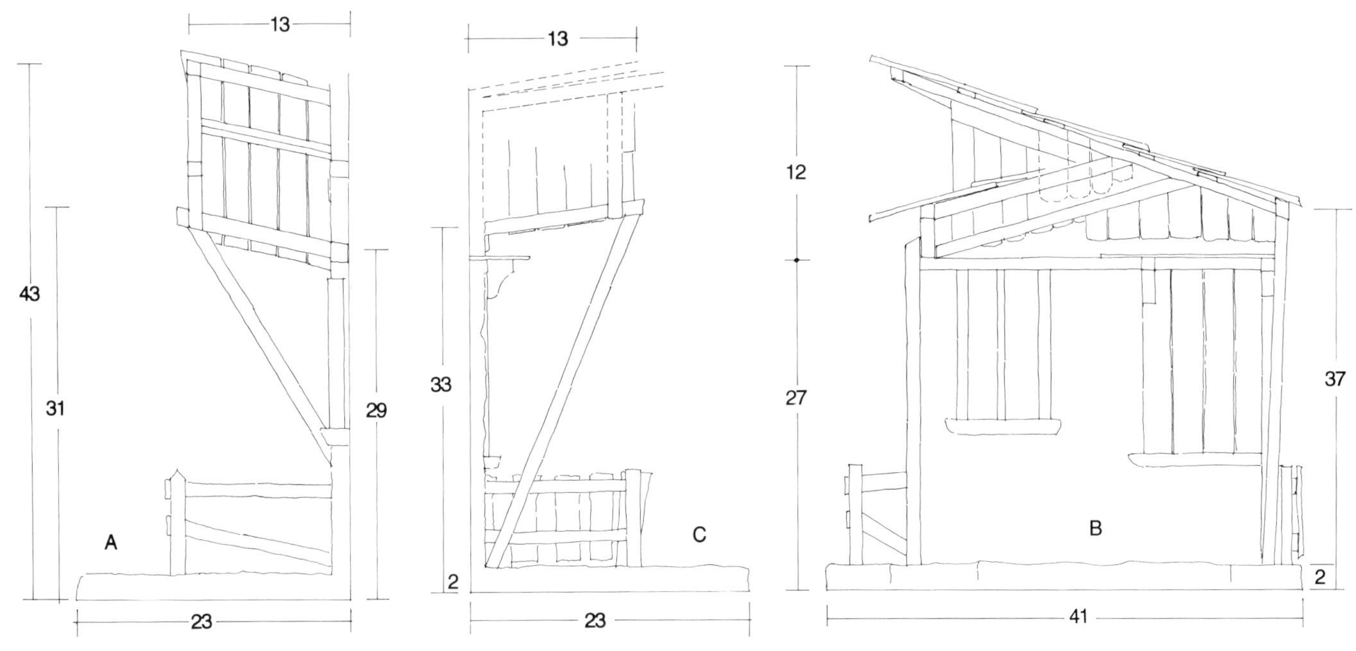

56 Linkes Seitenteil A mit Darstellung des Zaunes und der Dachschräge.

57 Rechte Ansicht C mit dem Stützbalken und Zaun.

58 Rückwand der alpenländischen Kleinkrippe mit Fensteröffnung und Anordnung der beiden Dachteile.

59 Zwischendach der Kleinkrippe.

60 Dach aus Brettchen. Es können auch Schindeln verwendet werden.

Schritt für Schritt

Grundplatte und Rückwand nach Zeichnung beschneiden. In der Rückwand Fenster (6,5 × 12 cm) aussägen und mit Leisten einrahmen. Anschließend die Leisten für die Wand aufkleben und Putz anbringen. Krippe auf der Grundplatte befestigen. Dann das Zwischendach fertigen aus Leisten (14 cm lang; 2,5 cm breit – davon 8 Stück) und auf das Gebälk aufsetzen. Das Dach hat hinten eine Höhe von 36 cm, vorne von 39 cm – bei einer Breite von 13 cm. Als Dachbretter nehmen wir 15 Leisten (2,5 cm breit, 14 cm lang und 0,3 cm stark). Zum Abschluß müssen vier Blendbretter zwischen dem kleinen und großen Dach aufgeleimt werden. Ein Zaun oder Mauerwerk runden den gefälligen Gesamteindruck der Krippe ab.

ALPENLÄNDISCHE ECKKRIPPE

Naturgetreu wird hier die Weihnacht in einem alpenländischen Bergbauernhof geschildert. Die heilige Familie ist mit ihrer Freude nicht allein: Aus der Umgebung sind die Hirten herbeigekommen, und das solide gezimmerte Gebäude bietet ein wirkliches Zuhause.

Material und Maßangaben

Grundplatte: ca. 80 × 65 cm Spanplatte (1,0 cm stark)
Bodenplatte: ca. 80 × 65 cm Sperrholz (0,4 cm stark)

A: 28 × 30 cm Spanplatte
B: 18 × 20 cm Spanplatte
C: 30 × 28 cm Spanplatte
D: 40 × 37 cm Spanplatte
E: 16 × 37 cm Spanplatte
F: 40 × 37 cm Spanplatte
G: 16 × 25 cm Spanplatte
H 1: 9 × 19,5 cm Spanplatte
H 2: 10 × 19,5 cm Spanplatte
H 3: 6 × 19,5 cm Spanplatte
Stärke der Spanplatte jeweils 1,0 cm

Dach A–D: 24 × 36,5 Sperrholz (0,4 cm stark)
Dach D–G: 30 × 46 Sperrholz (0,4 cm stark)
Dachlatten (4,5 × 2,5 cm): 4,0 m
Kanthölzer (2,0 × 0,7–0,8 cm): 3,0 m
Kanthölzer (2,0 × 2,0 cm): 1,0 m
Leisten (2,0 × 0,2–0,3 cm): 7,0 m
Styropor: 1 Platte (2,5 cm stark)
Holz für Schindeln
Leim
Krippenmörtel
Erdfarben
Beize

Figurengröße: 12 cm

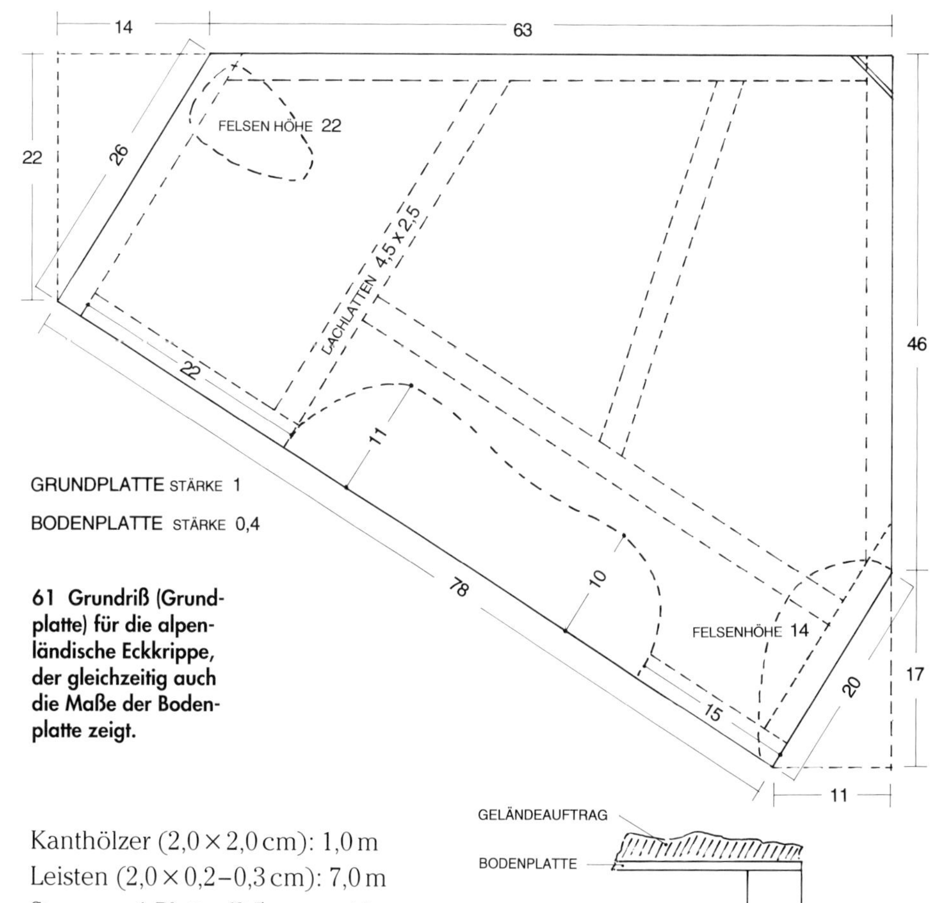

61 Grundriß (Grundplatte) für die alpenländische Eckkrippe, der gleichzeitig auch die Maße der Bodenplatte zeigt.

62 Auf der Grundplatte werden entsprechend der Zeichnung die Dachlatten aufgeleimt und darauf die Bodenplatte angebracht, die dann als Untergrund für den weiteren Aufbau dient.

63 Die alpenländische Eckkrippe ist einem Bergbauernhof nachgebildet.

64 Grund- und Bodenplatte nach der Montage.

65 Scheune der alpenländischen Eckkrippe.

Schritt für Schritt

Grund- und Bodenplatte in den angegebenen Maßen zuschneiden. Anschließend als Rahmen die zugeschnittenen Dachlatten auf der Grundplatte anbringen und zusätzlich die in der Zeichnung (siehe Grundriß) gezeigten Versteifungen. Dann die Bodenplatte aufsetzen.

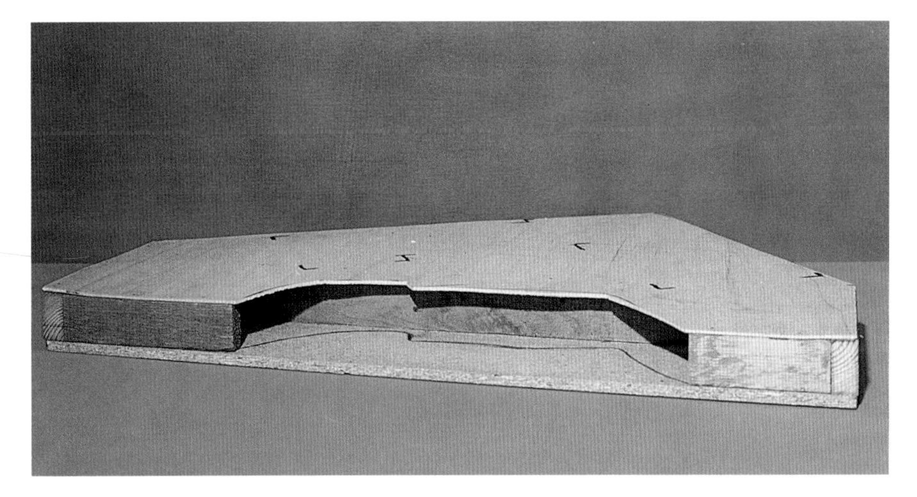

Scheune: Die Teile A, B, C und H 1, H 2, H 3 unter Berücksichtigung der Öffnung ausschneiden und zusammensetzen. In C die senkrechten Balken und den Querbalken für die Scheunenöffnung einfügen. Dann H 1, H 2, H 3 an C und A anleimen und annageln (Abb. 65–67). Auf die Wände A, B und C mittels Styropor (Stärke: 0,8 cm) das Mauerwerk (Höhe: 4,0 cm) anbringen.
Die beiden Stufen werden aus Spanplatte (1,0 cm stark) angefertigt und an H 2 befestigt (Abb. 71, 74).
Auf C zwischen Querbalken und Dachschräge Leistchen in unregelmäßiger Breite aufleimen – vorher werden diese mit dem Schnitzmesser gekerbt und mit der Stahlbürste behandelt.

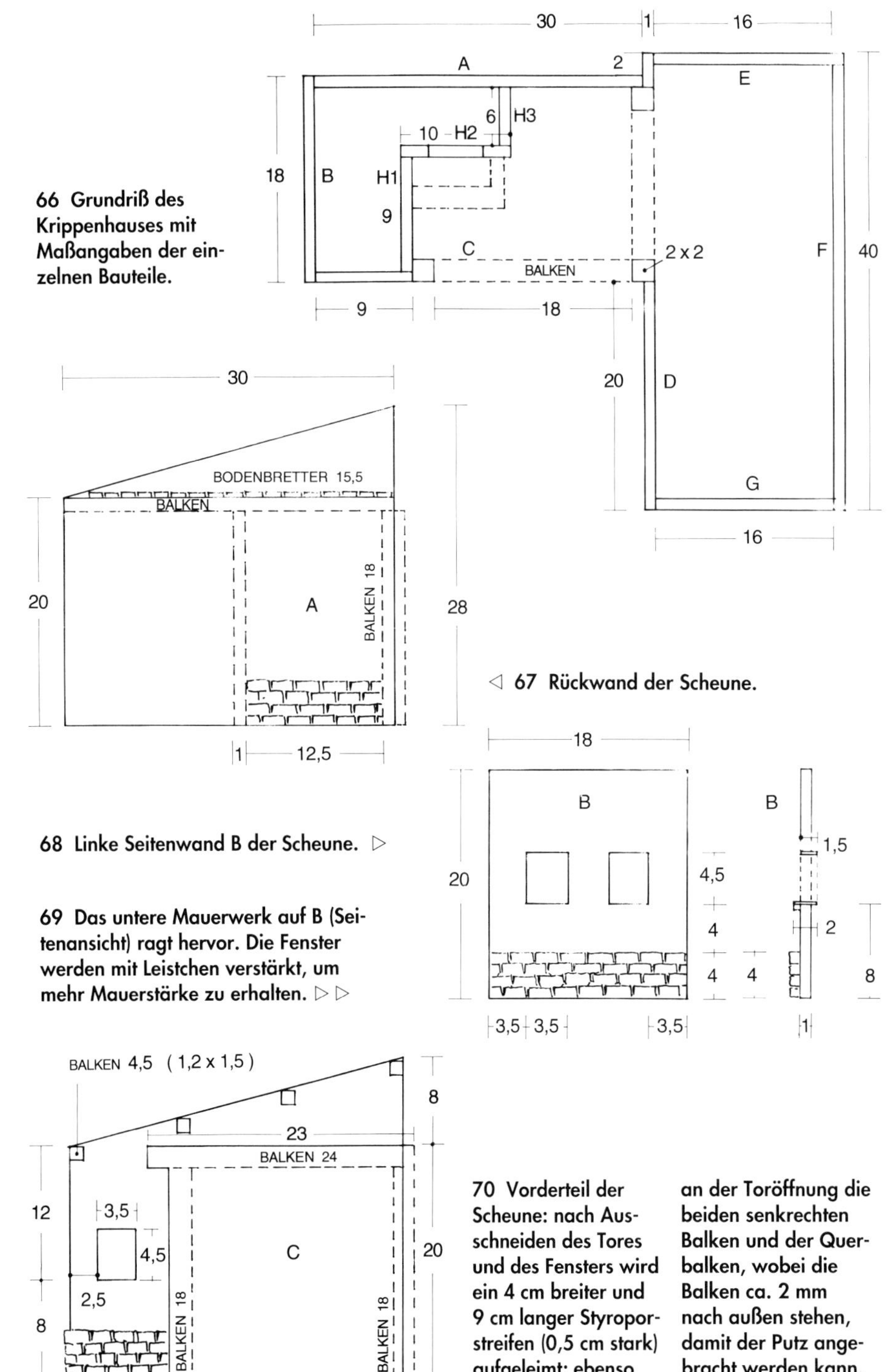

66 Grundriß des Krippenhauses mit Maßangaben der einzelnen Bauteile.

◁ **67 Rückwand der Scheune.**

68 Linke Seitenwand B der Scheune. ▷

69 Das untere Mauerwerk auf B (Seitenansicht) ragt hervor. Die Fenster werden mit Leistchen verstärkt, um mehr Mauerstärke zu erhalten. ▷ ▷

70 Vorderteil der Scheune: nach Ausschneiden des Tores und des Fensters wird ein 4 cm breiter und 9 cm langer Styroporstreifen (0,5 cm stark) aufgeleimt; ebenso an der Toröffnung die beiden senkrechten Balken und der Querbalken, wobei die Balken ca. 2 mm nach außen stehen, damit der Putz angebracht werden kann.

Haus: Die Teile D, E, F, G aus 1,0 cm starker Spanplatte einschließlich der Tür- und Fensteröffnungen in D und G ausschneiden. Teile anleimen und annageln.

D: In die Öffnung von D die beiden senkrechten und den Querbalken (2,0 × 2,0 cm) einsetzen. In Höhe des Dachbodens einen Dachbalken (1,5 × 1,5 cm) anbringen.

F und E innen: Ein 4,0 cm breites Mauerwerkband aus Styroporstreifen von 0,8 cm Stärke aufleimen. Zwischen diesen Styroporstreifen und den Balken für den Dachboden die mit dem Schnitzmessr und Drahtbürste bearbeiteten Leistchen in unregelmäßiger Breite mit Leim anbringen.

Auf D und G außen wird wie geschildert ebenfalls aus Styropor das Mauerwerk angeleimt. Danach verzapft man die Leisten an D und G und bringt sie an (s. Abb. 74, 75 u. 84). Dann Tür- und Fensterverkleidungen aufleimen. Die beiden Teile ankleben und annageln.

Anschließend auf die noch sichtbaren Teile von F und E die bearbeiteten Leistchen verschiedener Breite anleimen.

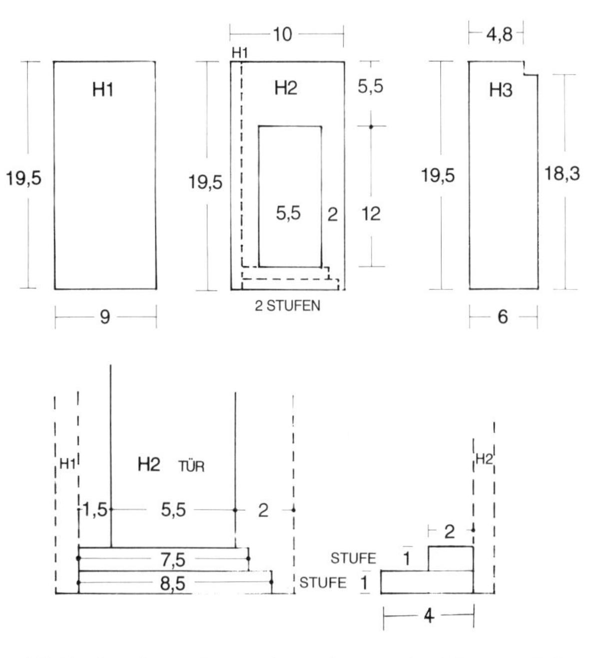

71 Zur Erstellung eines weiteren Raumes der Scheune wird eine Trennwand aus den Teilen H1, H2 und H3 sowie der zugehörigen Treppe gefertigt.

72 Bei der linken Hausseite werden Durchfahrtstor, Tür und zwei Fenster ausgesägt und dann die beiden senkrechten Balken und der Querbalken auf Teil D aufgeleimt.

74 Die Stufen werden aus Spanplatte gefertigt. Bereit liegen schon die ersten Leistchen, die die Hauswände D und G verkleiden werden.

75 Beispiel für eine fachgerechte Verzapfung der Balken.

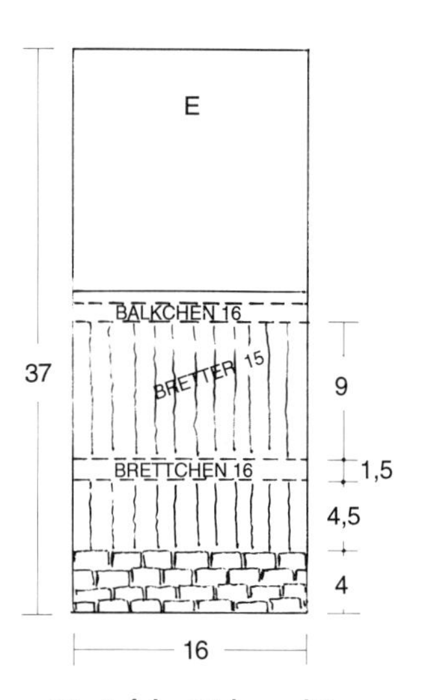

73 Auf der Rückwand E wird Mauerwerk angebracht und darüber Brettchen, die zuvor beiderseits leicht gekerbt wurden.

◁ ◁ **76 Rechte Innenseite (F) des Hauses mit Mauerwerk und Holzverschalung.**

◁ **77 Vorderseite des Hauses (G) mit Mauerwerk und Fenster.**

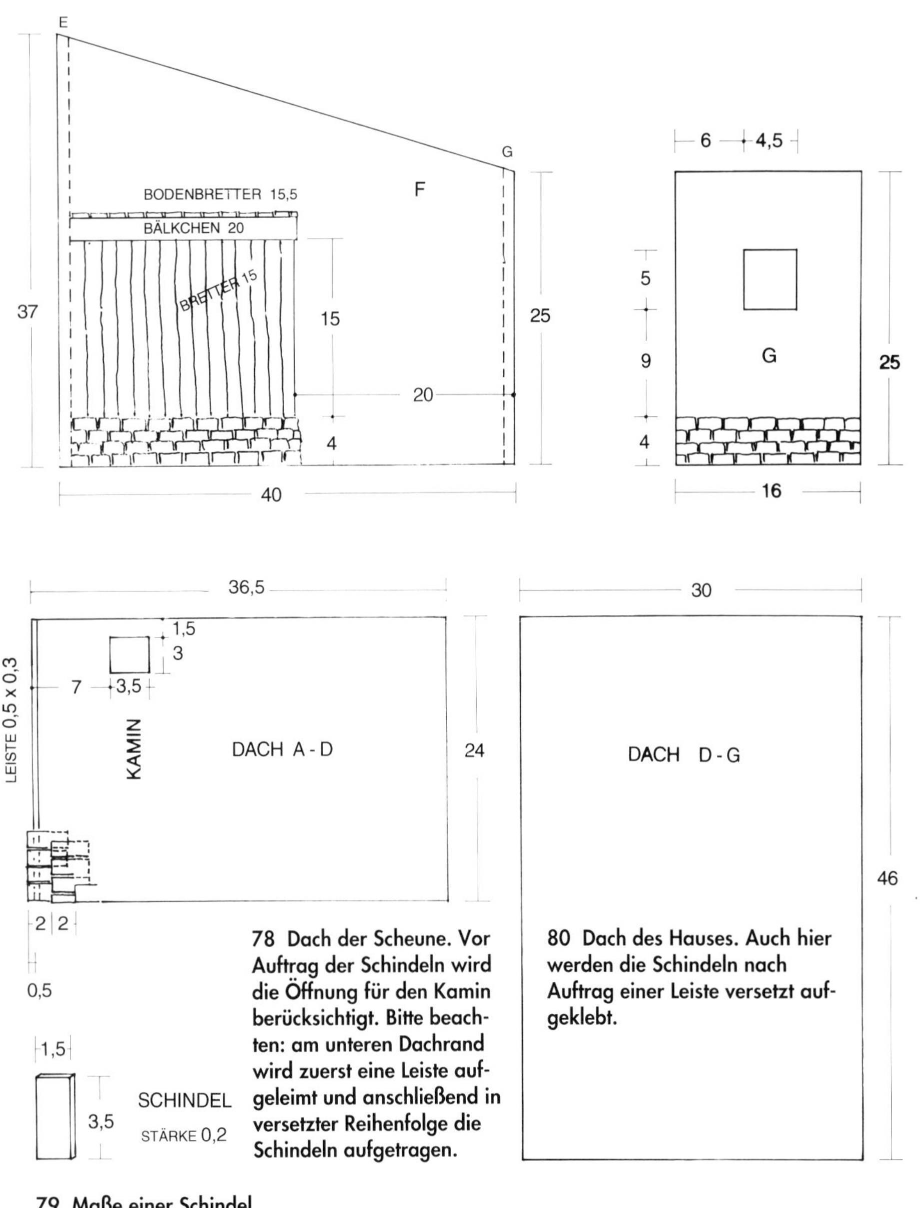

78 Dach der Scheune. Vor Auftrag der Schindeln wird die Öffnung für den Kamin berücksichtigt. Bitte beachten: am unteren Dachrand wird zuerst eine Leiste aufgeleimt und anschließend in versetzter Reihenfolge die Schindeln aufgetragen.

80 Dach des Hauses. Auch hier werden die Schindeln nach Auftrag einer Leiste versetzt aufgeklebt.

79 Maße einer Schindel.

81 Auf der linken und rechten Seite des Daches werden – nachdem die Schindeln aufgeklebt sind – Leistchen als Umrahmung und darauf als Dachabschluß eine weitere Leiste angebracht.

Bei A, C, D und F innen in Höhe des Dachbodens Balken (Kantholz 1,2 × 1,2 cm) festmachen; ein weiteres Kantholz als Mittelbalken aufsetzen, auf dem dann Leistchen (als Dachboden) aufgeleimt werden (s. Abb. 85).

B und C: Mauerwerk aus Styropor gestalten und die übrigen Flächen verputzen. In die Fensteröffnung Fensterbrettchen und Fensterkreuz einsetzen. Die Fenster hinterkleben wir mit Pergamentpapier oder Aktenfolie.

Für H 2 und D Türen nach Geschmack und Stil des Krippengebäudes herstellen. Treppe (aus Sperrholz in ca. 0,4 cm Stärke) zum Türeingang D nach Zeichnung (s. Abb. 83) fertigen.

Dächer: Schindeln (3,5 × 1,5 × 0,2 cm) auf den Sperrholzplatten aufleimen (Leiste am Rand des Daches nicht vergessen!). Links, rechts und oben mit Leisten umrahmen. Auf C und D Dachsparren (Kanthölzer 1,5 × 1,2 cm) anbringen. Die Länge ergibt sich nach Aufsetzen des Daches.

Der **Kamin** wird aus Styropor gestaltet.

84 Hauswände D und G nach der Verkleidung; die verzapften »Holzbohlen« sind gut zu erkennen.

Gelände: Scheune mit Haus auf der Bodenplatte aufsetzen und mit Leistchen fixieren. Auf den noch freien Flächen mit Hilfe von Preßpappe, Styropor und Rinde die Landschaft gestalten.

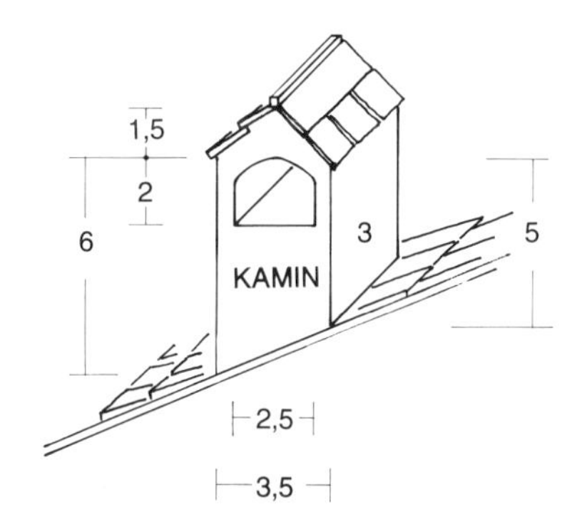

82 Der Kamin ist aus Styropor gefertigt und mit Dachschrägen versehen, die mit Schindeln beklebt sind.

▽ 83 Treppe zum Hauseingang.

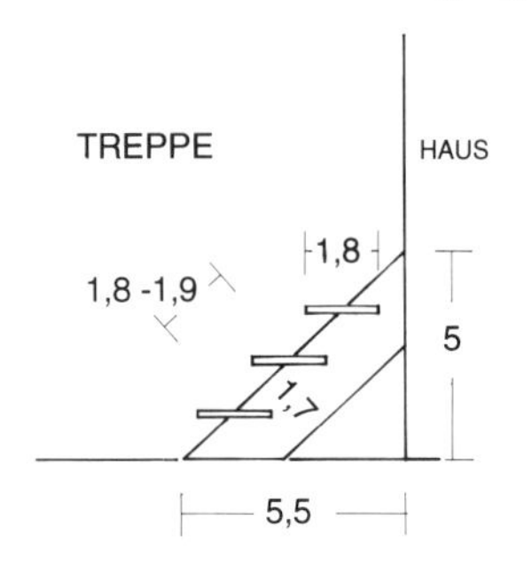

85 Auftrag des Gebälkes und Verlegung der Dachbodenbretter.

86 Gestaltung des Geländes auf der Grund- und Bodenplatte.

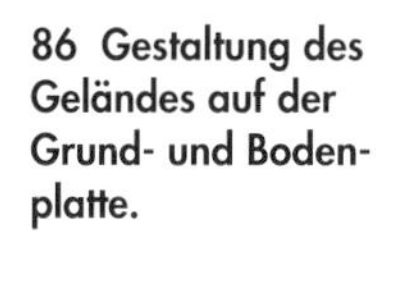

87 Verwendete Materialien sind hier Rinde, Styropor und Preßpappe.

FRÄNKISCHE KRIPPE

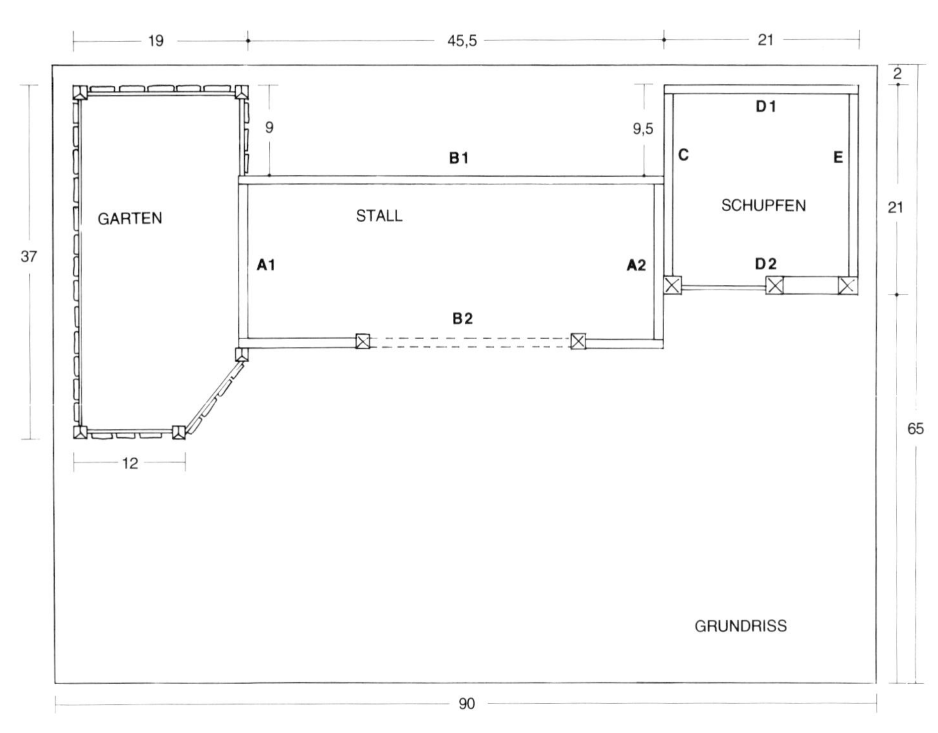

88 Grundriß und Maße der fränkischen Krippe.

Im Fränkischen haben Wohn- und Wirtschaftsgebäude anderen Charakter. Solides Fachwerk, Schafzucht und kleine Bauerngärten sind Teil einer langen Tradition.

Material und Maßangaben

Grundplatte: 90 × 65 cm Spanplatte (1,0 cm stark)

A 1 und A 2: 60 × 26 cm Spanplatte
B 1: 60 × 45,5 cm Spanplatte
B 2: 34,5 × 45,5 cm Spanplatte
C: 37 × 20 cm Spanplatte
D 1 und D 2: 21 × 37 cm Spanplatte
E: 25 × 18 cm Spanplatte
Stärke der Spanplatte jeweils 1,0 cm
Sperrholz: 42 × 48 cm (0,4 cm stark)
Sperrholz: 24 × 28 cm (0,4 cm stark)
Vierkanthölzer (2,0 × 2,0 cm stark): 2,00 m
Vierkanthölzer (2,5 × 2,5 cm stark): 1,00 m
Leisten in unterschiedlichen Breiten von 1,0 bis 2,0 cm (Stärke 0,2–0,3 cm)
Dachlatte 2,5 × 5 cm): 1,00 m
Styropor
Leim
Krippenmörtel
Erdfarben
Beize (hellbraun, dunkelbraun, grau)

Figurengröße: 18 cm

89 Fränkische Krippe mit kleinem Vorgarten und einem Schupfen.

Schritt für Schritt

Die einzelnen Teile nach Zeichnung ausschneiden, A1 und A2 mit B1 und B2 zusammenleimen und -nageln.
Auf B2 werden die Kanthölzer (2×2 cm stark) in die Öffnung eingepaßt und angeleimt: Sie bilden zwei senkrechte und einen Querbalken.

Die Leisten für das **Fachwerk** mit Drahtbürste behandeln und aufkleben. Bei A1 und A2 ist außen und innen Fachwerk anzubringen (s. Abb. 93–95 u. 99, 100). Bei B1 erzeugt zusätzlich zum Fachwerk eine Futterkrippe (Abb. 101, 102) bäuerliche Stimmung.

Hinweis: Bei der Gestaltung des Fachwerks sind die Eckleisten so anzubringen, daß die Vorderseite die Seitenleisten überlappt.

Wenn das Fachwerk aufgetragen ist, wird für A1, A2 sowie B2 das Mauerwerk aus Styropor (0,5 cm stark) gefertigt, das im ganzen oder in Streifen (7×0,5 cm) aufgeleimt werden kann.

Dach: Bevor die vorher gefertigten Schindeln aufgeleimt werden, ist auf der Vorderseite des Daches eine Leiste (0,5x0,3 cm) anzubringen. Hilfreich ist es, Linien auf dem Dach aufzuzeichnen: die erste Linie im Abstand von 4,0 cm, alle weiteren Linien mit 2,5 cm Abstand.
Wichtig: Schindeln immer versetzt auftragen.

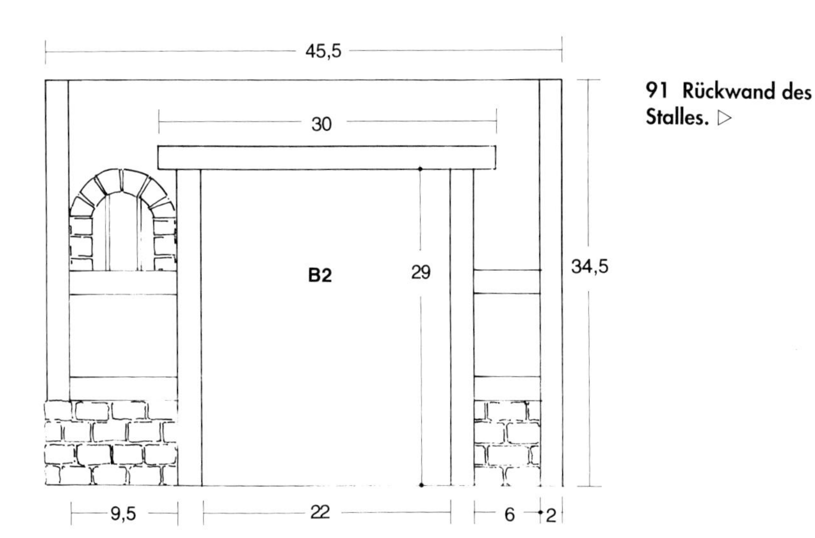

90 In der Vorderfront des Stalles (B2) werden die Fenster- und die Türöffnung ausgeschnitten. Zur Verstärkung der Türöffnung werden Leistchen aufgeleimt.

91 Rückwand des Stalles. ▷

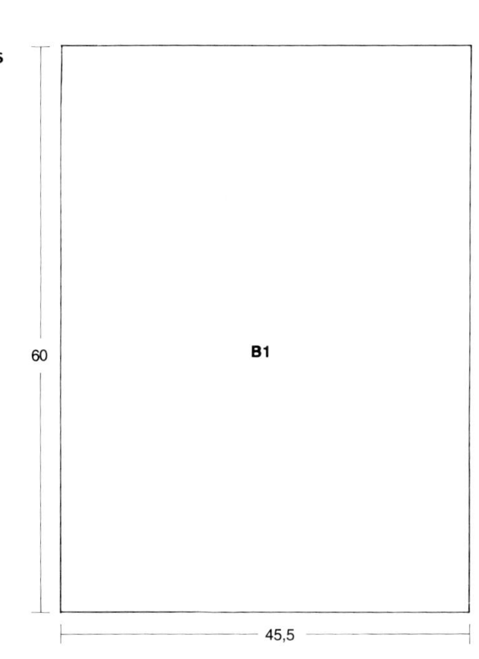

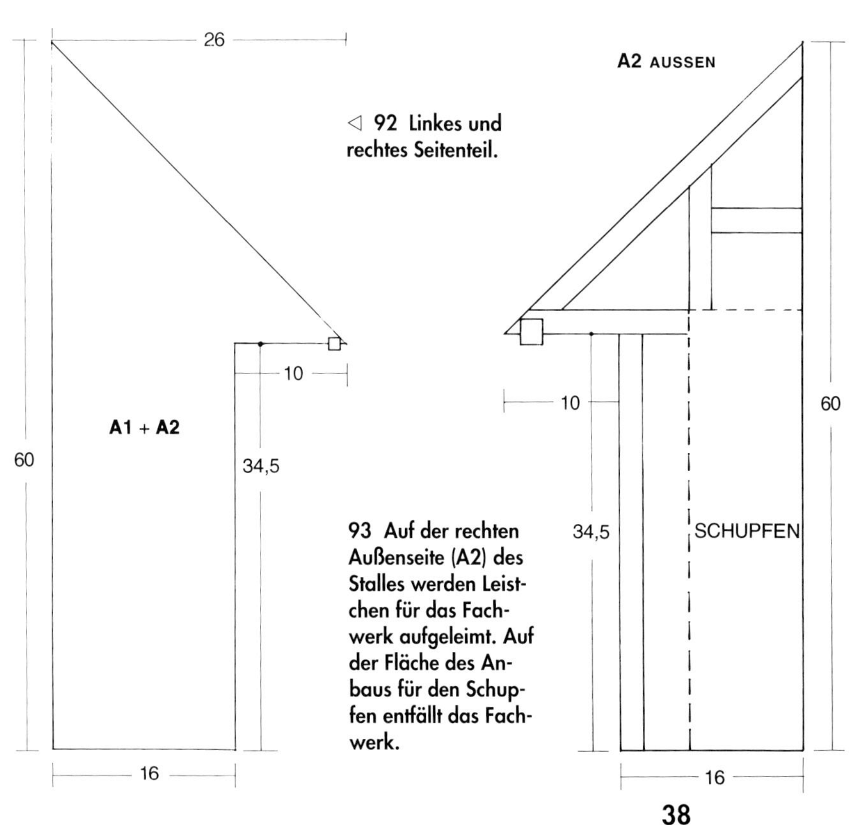

◁ 92 Linkes und rechtes Seitenteil.

93 Auf der rechten Außenseite (A2) des Stalles werden Leistchen für das Fachwerk aufgeleimt. Auf der Fläche des Anbaus für den Schupfen entfällt das Fachwerk.

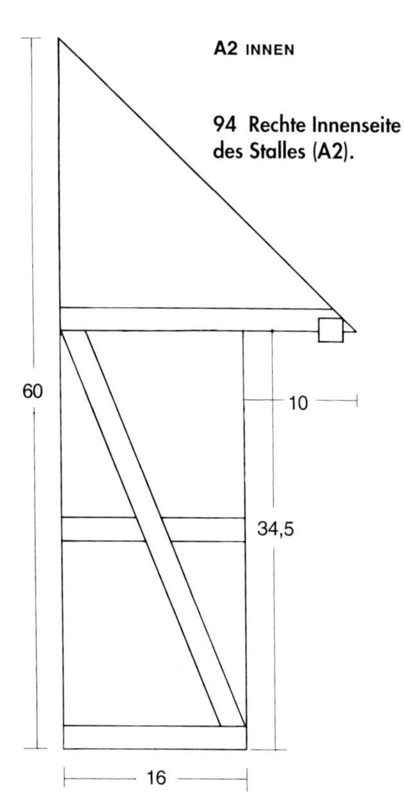

94 Rechte Innenseite des Stalles (A2).

Fränkischer »Schupfen«: D1, D2, C und E ausschneiden. Fachwerk auf E auftragen (s. Abb. 96, 107). Vierkanthölzer (2,0 × 2,0 cm) auf E außen und C außen aufleimen und mit dem Querbalken (2,5 × 2,0 cm) abschließen. Darauf den Dachbalken (2,0 × 2,0 cm) von E nach C setzen. Die Türbalken (s. Abb. 97, 108) von D2 (2,0 × 2,0 cm) mit einer Tür aus Latten (0,8 cm breit, 22 cm lang und 0,3 cm stark) versehen. Die Türscharniere werden aus dem Blech einer Dose hergestellt. Für die Türhaken rechtwinklig gebogene Nägel verwenden.
Für das Dach (Sperrholz, 0,4 cm stark) Schindeln (3,0 × 2,0) fertigen. Die erste Reihe im Abstand von 2,5 cm, dann nur noch 2,0 cm setzen (Abb. 110).

Die Eckpfosten im Garten sind aus Kanthölzern (2,5 × 2,5 cm) zugeschnitten und 15 cm hoch. Die Leistchen des Zauns (Abb. 98, 112) unregelmäßig mit dem Schnitzmesser bearbeiten.

95 Fachwerkgestaltung an der linken Stallwand.

96 Seitenansicht vom Schupfen.

97 Schupfen mit Tür und Verkleidung aus Latten.

98 Zaun aus Kanthölzern und Leistchen.

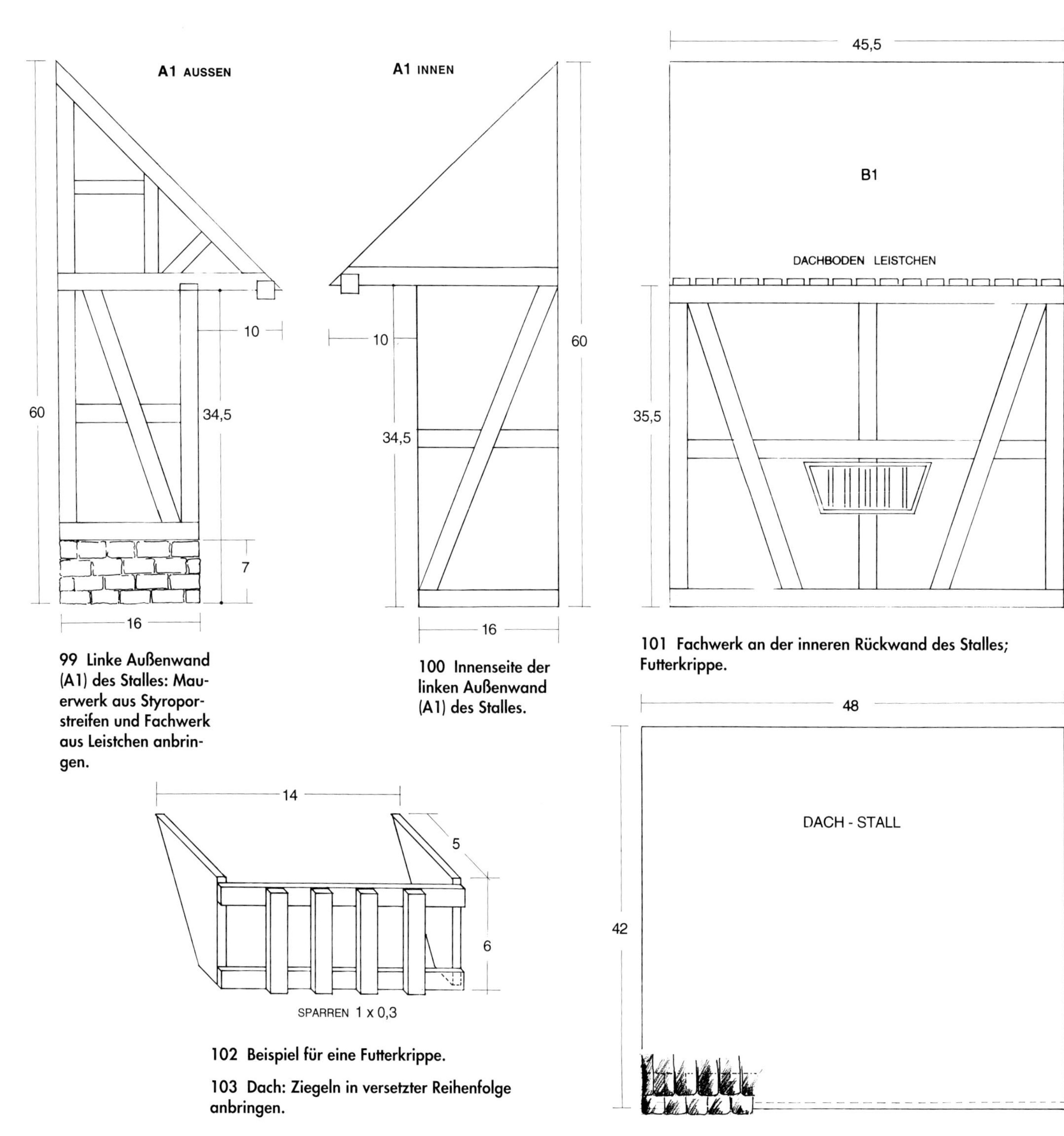

99 Linke Außenwand (A1) des Stalles: Mauerwerk aus Styroporstreifen und Fachwerk aus Leistchen anbringen.

100 Innenseite der linken Außenwand (A1) des Stalles.

101 Fachwerk an der inneren Rückwand des Stalles; Futterkrippe.

102 Beispiel für eine Futterkrippe.

103 Dach: Ziegeln in versetzter Reihenfolge anbringen.

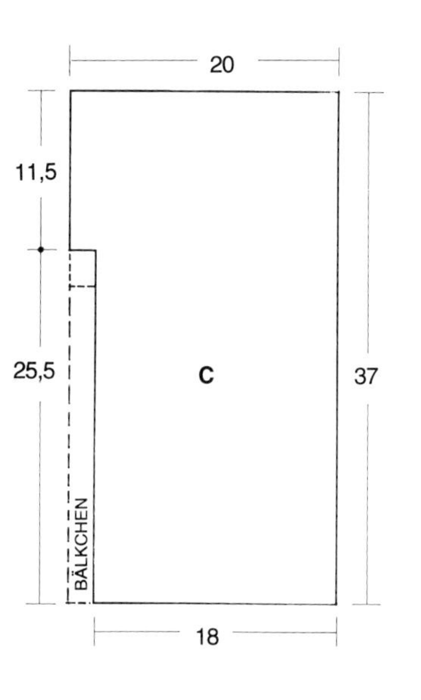

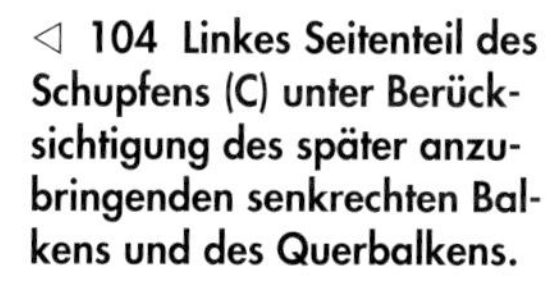

◁ **104 Linkes Seitenteil des Schupfens (C) unter Berücksichtigung des später anzubringenden senkrechten Balkens und des Querbalkens.**

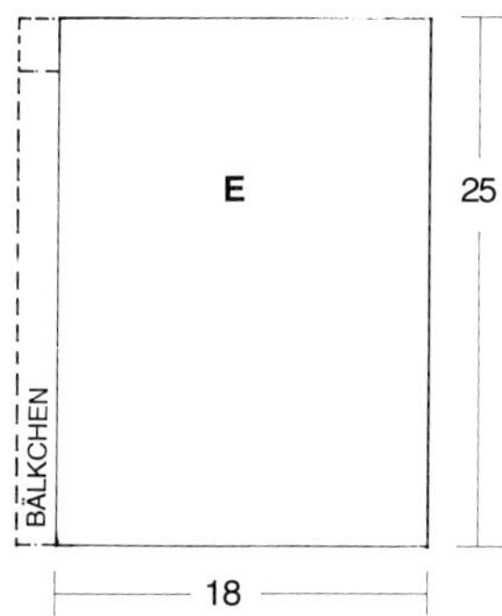

◁ **105 Rechtes Seitenteil (E) des Schupfens.**

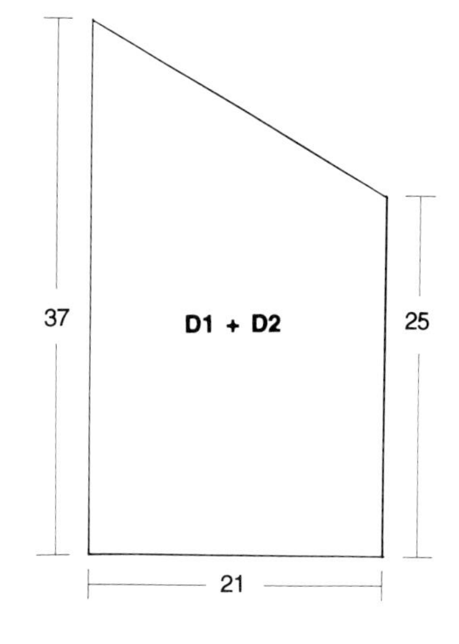

106 Seitenteile D1 und D2 des Schupfens. ▷

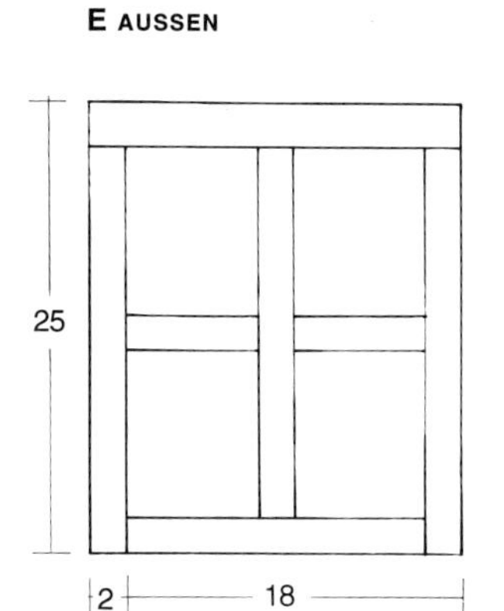

107 Rechte Außenseite (E) des Schupfens.

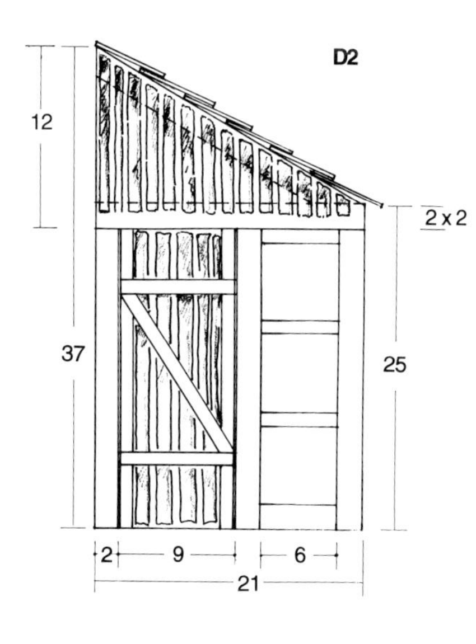

◁ **108 Auf die Vorderseite des Schupfens werden Leistchen (Brettchen) nach Behandlung angebracht. Wer technisch versierter ist, kann D2 nur mit Kanthölzern und Leistchen gestalten. Dann würde die Vorderfront durchsichtiger und man könnte in den Schuppen sehen, in dem Holz, Heu oder Bauerngeräte aufbewahrt sein könnten.**

109 Dach für den Schupfen. ▷

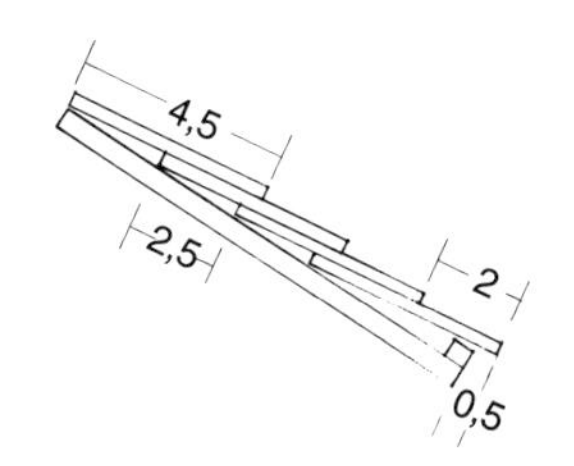

110 Im Längsschnitt ist an der Unterkante die schmale Leiste gut zu erkennen.

SCHINDEL

2,5

4,5

M 1:1

◁ **111 Maß einer Schindel.**

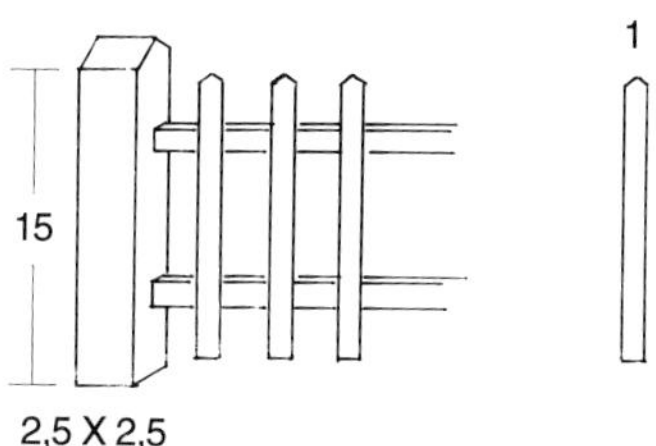

112 Zaun aus Kanthölzern und Leistchen. ▷

FRÄNKISCHER BACKOFEN

113 Fränkischer Backofen.

Viele fränkische Dörfer besaßen und besitzen einen Backofen für die Gemeinschaft. Angegliedert an einen Hof oder auf dem Dorfplatz ist er charakteristischer Bestandteil einer regional geprägten Krippenszenerie.

Material und Maßangaben

Grundplatte: 22 × 20 cm Sperrholz (0,4 cm stark)

A: 25 × 24 cm Spanplatte
B: 20 × 24 cm Spanplatte
C: 25 × 24 cm Spanplatte
D: 18 × 10 cm Spanplatte
E: 18 × 10 cm Spanplatte
Stärke der Spanplatte jeweils 1,0 cm
Dach: 23 × 20 cm Sperrholz
23 × 19,6 cm Sperrholz
jeweils 0,4 cm stark
Material für Ziegel
Styropor
Glas
Leisten
Leim
Krippenmörtel
Erdfarben
Trafo, Birnchen mit Fassung

Figurengröße: 18 cm

Schritt für Schritt:
Die Teile A mit E einschließlich der Öffnung in A und B ausschneiden, zusammenleimen und -nageln und auf die Grundplatte (22 × 20 cm) aufbringen (Zeichnungen s. S. 44). Zwischen den Teilen B und C, etwas unterhalb der Höhe des Backloches ringsum Leistchen anbringen, darauf eine Glasplatte kleben, die mit roter, gelber und schwarzer Farbe bemalt wird, um Kaminfeuer vorzutäuschen. Zur Ausgestaltung des Platzes vor dem Backloch kann rechs oder links ein Brettchen als Abstellmöglichkeit angebracht werden; zwei Türchen an der Ofenöffnung ergänzen die Ausstattung.

Dach: Sperrholzplatten am Ofen aufleimen. Kamin aus einem Styroporblock gestalten und aufkleben. Bevor wir auf dem Dach die Ziegel (3,5 × 2,0 × 0,2 cm) anbringen, leimen wir zur Befestigung der ersten Ziegelreihe auf der Unterkante eine Leiste (0,5 × 0,3 cm). Als Firstziegel können Streifen aus dünnem Karton geschnitten werden. Dasselbe gilt für das Kamindach.

114 Verputzter Backofen vor der farbigen Fassung.

Der Backofen wird nun – wie auf den Seiten 12 und 13 erläutert – verputzt und farbig gefaßt. Um Feuer lodern zu lassen, kann im unteren Teil der Rückwand C eine Öffnung (entsprechend der Birnenfassung) gebohrt und ein weißes, in Elektrogeschäften erhältliches Birnchen installiert und über einen Trafo betrieben werden. Bitte auf die Voltstärke des Trafos achten.
Besonders natürlich wirkt es, wenn Sie vor der Ofenöffnung noch aufgespaltene Ästchen als Brennmaterial deponieren.

115 Misthaufen, der bei einem alpenländischen Bauernhaus nicht fehlen sollte.

Misthaufen

Ein Misthaufen, der bei einem alpenländischen Bauernhaus eigentlich nicht fehlen darf, wird so hergestellt: Mit dünnen Brettchen und kleinen Balken wird eine Mistgrube gebaut, die innen mit Holz- oder Styroporteilchen ausgefüllt wird. Darauf streut man dünne, dürre Tannennadeln. Heißen Tischlerleim darüberlaufen lassen, und schon hat der Misthaufen ein realistisches Aussehen bekommen.

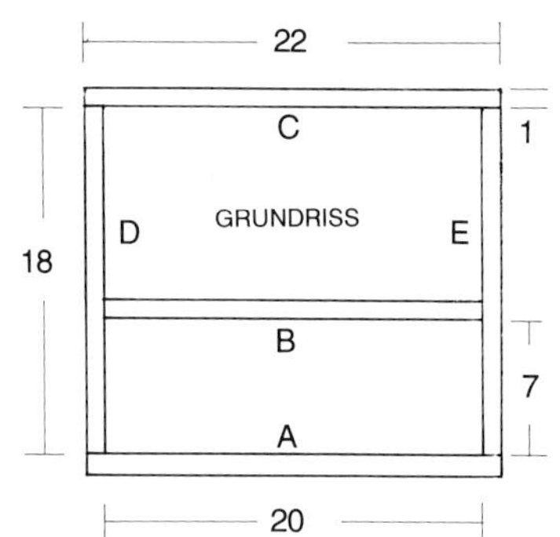

116 Der Grundriß ist gleich dem Ausmaß der Grundplatte.

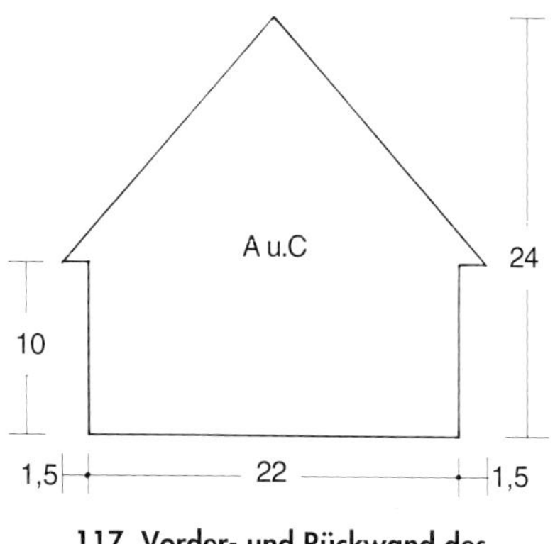

117 Vorder- und Rückwand des Backofens.

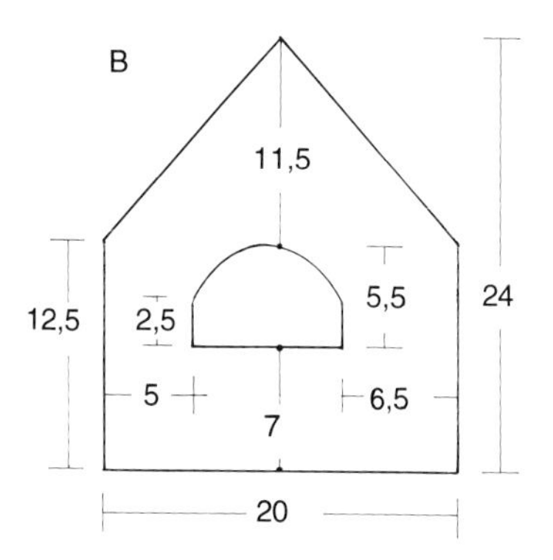

118 Mittelwand mit Backloch.

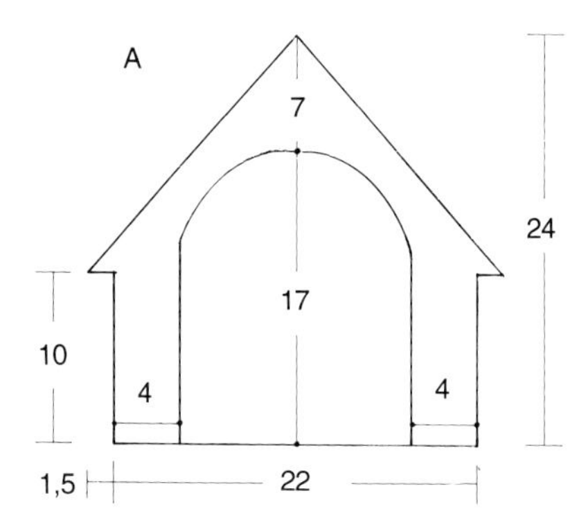

119 Vorderwand mit Ausschnitt für den Zugang.

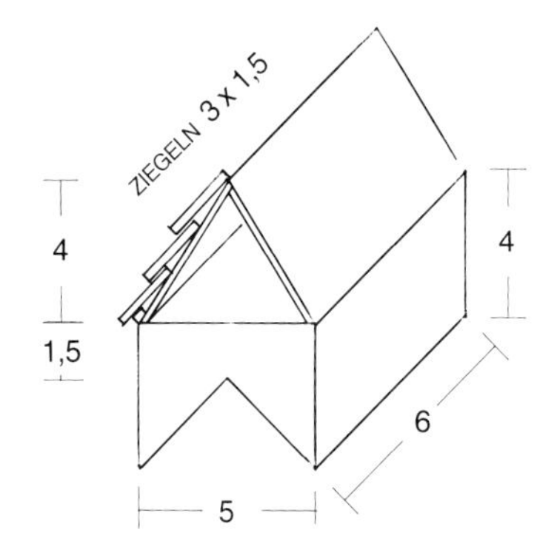

120 Kamin aus Styropor oder einer Dachlatte zuschneiden.

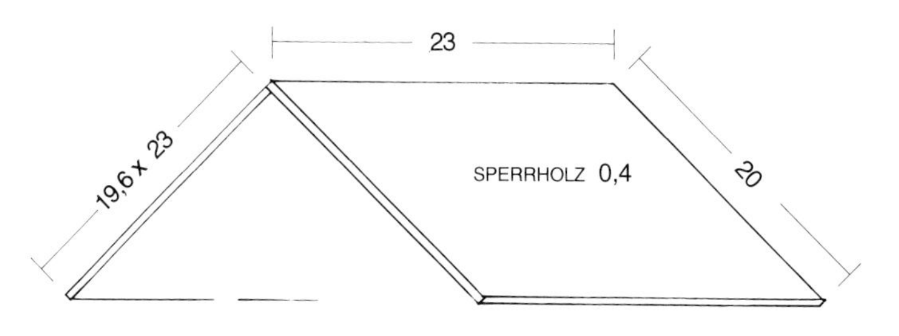

121 Mit zwei Sperrholzplättchen wird das Dach gestaltet.

ORIENTALISCHE KLEINKRIPPE

Herbergssuche in Palästina: Wie in den meisten von glühender Hitze bestimmten Ländern findet ein Großteil des Alltagslebens hinter hohen Mauern und kleinen Fenstern statt. Mühelos kann man sich aber auch in eine von orientalischem Marktleben, Federvieh und temperamentvollem Handel bestimmte Szene hineinversetzen.

Material und Maßangaben

Grundplatte: 32×24 cm Spanplatte (1,0 cm stark)
Seitenteil: 20×31 cm Spanplatte (1,0 cm stark)
Rückwand: 30×30 cm Spanplatte (1,0 cm stark)

Styropor
Wellpappe
Sperrholz
Leim
Krippenmörtel
Erdfarben

Figurengröße: 8,0 bis 10,0 cm

122 Orientalische Kleinkrippe.

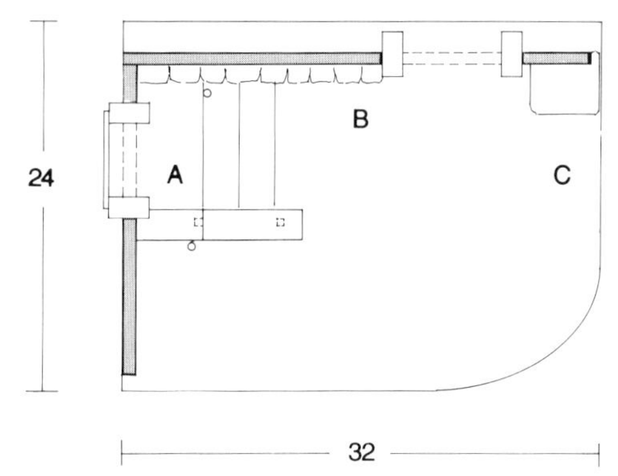

123 Der Grundriß der orientalischen Kleinkrippe entspricht den Maßen der Grundplatte.

124 Teil A zuschneiden mit Öffnungen für Fenster und Türöffnung, die – wie die Zeichnung zeigt – höher als das Niveau der Bodenplatte anzusetzen ist. Dann Stufen und das seitliche Geländer anfertigen. Über den beiden Fenstern wird mittels Wellpappe ein kleines Vordach angebracht. Am oberen Rand der Wand die Zierleiste aufkleben.

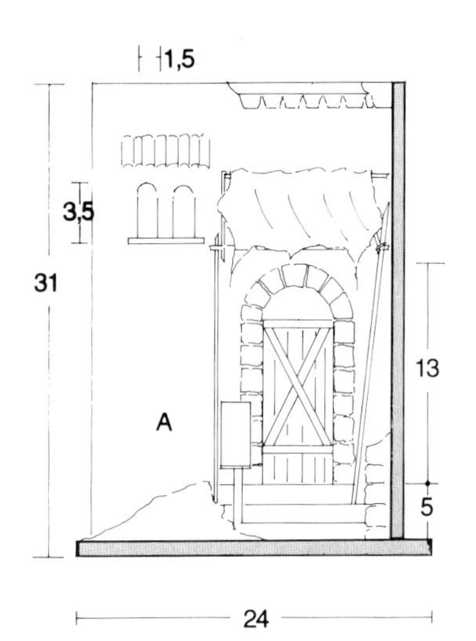

125 Nachdem im Teil B die Toröffnung ausgeschnitten wurde, wird aus Styropor oder Styrodur das Mauerwerk und der Torbogen (Bruchsteintor) angebracht. Anschließend wird der aus Styropor gefertigte Mauerpfeiler aufgeleimt. Der vorgefertigte Erker (Taubenhaus) wird etwas seitlich des Tores befestigt.

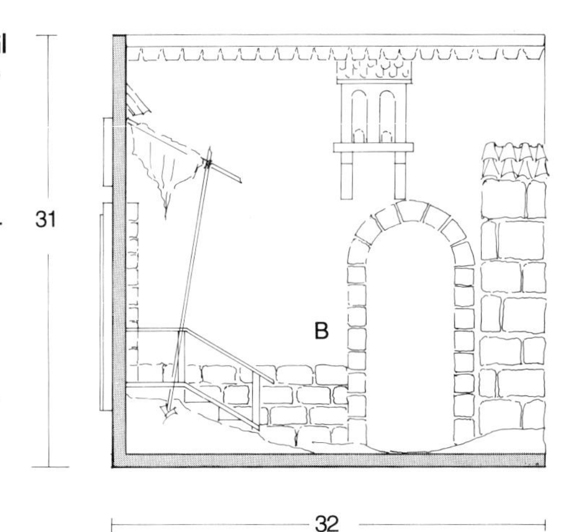

126 Mauerpfeiler (C) im Profil.

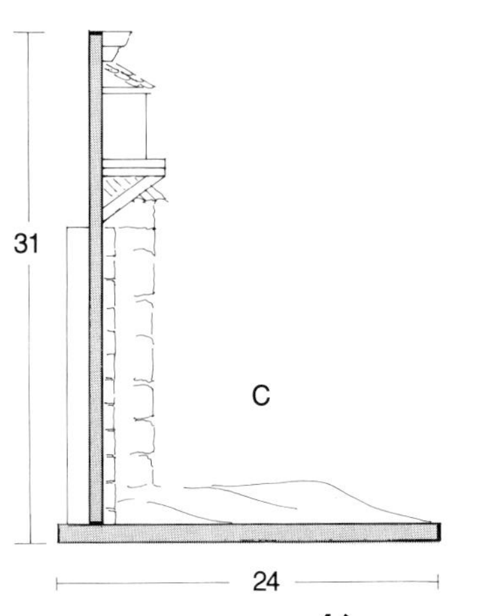

Schritt für Schritt:
Im Seitenteil A **Tür** (11,5 × 4,5 cm) und die zwei Fenster (je 3,5 × 1,5 cm) ausschneiden. Bei der Tür ist zu beachten, daß davor eine Treppe angebracht wird, so daß ihre Unterkante 5,0 cm höher liegen muß als die Grundplatte.

An den **Fenstern** sollte durch eine schmale Leiste ein Fenstersims angedeutet werden. Darüber wird im Abstand von 2 cm ein kleines Vordach gezogen. Es besteht aus Sperrholzstückchen (6,0 × 2,5 × 0,4 cm stark), auf denen Wellpappe, von der zuvor die oberste Schicht gelöst wurde, angebracht wird.
Für die Türfassung werden aus Styropor (0,6 cm stark) einzelne Platten (1,3 × 1,5 cm) ausgeschnitten und dann aufgeleimt. Achten Sie beim Zuschnitt auf den Bogen.

Rückwand: Wie bei der Tür des Seitenteils werden für den Torbogen Platten (1,5 × 1,5 cm) aus Styropor (0,6 cm stark) zugeschnitten und aufgesetzt. Bitte beachten: Der Schlußstein in der Mitte des Bogens ist größer als die anderen Steine.

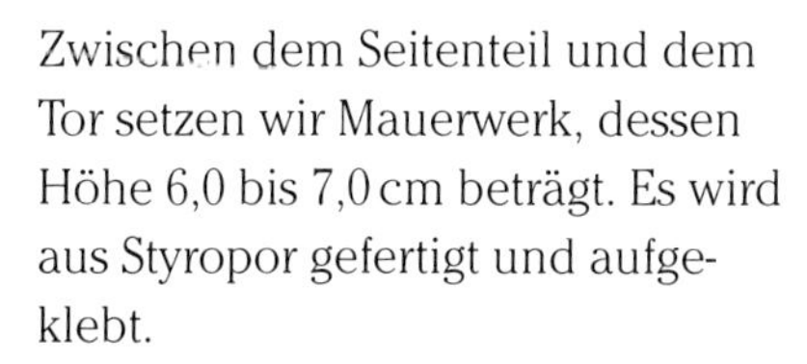

Zwischen dem Seitenteil und dem Tor setzen wir Mauerwerk, dessen Höhe 6,0 bis 7,0 cm beträgt. Es wird aus Styropor gefertigt und aufgeklebt.
Den rechten Abschluß der Rückwand bildet ein **Mauerpfeiler** aus Styroporsteinen, die aufgesetzt und miteinander verleimt werden. Der Pfeiler wird mit einem Dach aus Wellpappe (2,5 cm breit) versehen. Damit das Mauerwerk rustikal aussieht, brechen wir mit einem Schnitzmesser die Kanten.

Reizvoll wirkt das **Taubenhaus,** das über dem Tor angebracht ist (s. Abb. 129). Hierfür benötigen wir zwei Seitenteile aus Sperrholz (7,0 bzw. 5,5 × 2,5 cm; 7,0 cm hinten an der Mauerseite, 5,5 cm vorne, so daß sich eine Dachschräge ergibt) in einer Stärke von 0,4 cm. Das Vorderteil hat die Maße 5,5 × 2,5 cm, in das wir zwei Einflugöffnungen für die Tauben 1,5 × 1,5 cm einbohren.

127 Rückwand der Seite A der orientalischen Kleinkrippe mit Verstärkung der beiden Fenster und Gitter aus Lamellen.

127 △ 129 ▽

128 Verstärkung der Fenster und Türen an den Rückseiten der Wände A und C.

128 △ 130 ▽

129 Taubenhaus und Mauerpfeifer.

130 Der Baldachin verleiht der Krippe endgültig ein orientalisches Aussehen.

Die Teile befestigen wir auf dem Grundbrett (0,5 cm stark, 3,5 × 6,6 cm). Das Dach mißt 6,0 × 4,0 cm. Darauf befestigen wir Ziegel (1,5 × 1,0 cm). Als Konsolen werden Hölzer von 0,5 cm Stärke verwendet, die 3,5 cm lang sind. Dazu kommt ein diagonaler Stützbalken. Vor den Fluglöchern werden 1,0 cm lange Nägel als Stangen angebracht. Seitenteil und Rückwand werden dann auf die Grundplatte rechtwinklig angeleimt und angenagelt.
Die Treppe des Seitenteils ist dreistufig und hat eine Länge von 10 cm bei einer Breite von 9 cm. Das Geländer kann entweder mit Holz oder Mauerwerk gestaltet werden.

Bei der Gestaltung des **Geländes** sollte man nach eigenem Empfinden vorgehen. Mit Styropor können links ansteigend zur Treppe Erdhügel oder rechts Sandaufwerfungen angedeutet werden.
Die orientalische Kleinkrippe wirkt noch authentischer, wenn man sie am oberen Ende der Rückseite mit einer Abschlußleiste versieht. Diese Zierleisten sind in Baumärkten erhältlich.

Zum Abschluß werden die **Wände** verputzt. Um die Eintönigkeit des Mauerwerks aufzulockern, empfiehlt sich die Andeutung von Mauer- und Putzschäden: Nach leichtem Antrocknen des Putzes (Krippenmörtels) werden durch leichtes Abschaben Putzschäden vorgetäuscht. Mit einem Holzspachtel oder einem Schraubenzieher können Fugen in das Mauerwerk geritzt werden. Außerdem können in dem leicht angetrockneten Putz Risse angedeutet werden. Nach dem üblichen Behandeln der Krippe mit Dispersionsfarbe und Erdfaben hebt man die Schadstellen noch mit einer leicht rötlichen Farbe hervor.

Den letzten Schliff bekommt unsere kunstvolle orientalische Krippe durch das Anbringen eines **Baldachins** vor der Tür des linken Seitenteils (s. Abb. 130). Bambusstäbchen (Stiele von getrockneten Nelken oder Iris haben die gleiche Wirkung) werden in die Grundplatte eingelassen und mit vier Querstäbchen (aus dem gleichen Material) mittels Faden verbunden. Am Fuße der vordersten Stange sind noch zwei oder drei kleine Pfähle als Stütze eingetrieben. Das Segeltuch ist aus einem alten, gemusterten Taschentuch hergestellt.

ORIENTALISCHE RUINENKRIPPE

Eine Krippe, in der sich längst Vergangenes mit dem Hier und Jetzt verbindet: An die Überreste eines antiken Bogens lehnt sich ein dürftig zusammengenagelter Unterstand an. Symbolträchtige Kulisse für die Geburt Christi und die bleibende Bedeutung dieses Ereignisses.

Material und Maßangaben

Grundplatte: 35 × 50 cm Spanplatte (1,0 cm stark)

Styropor oder Styrodur (2,5 cm stark)
Kanthölzer (2,0 × 2,5 cm): 1,0 m
Kanthölzer (1,5 × 1,5 cm): 25,0 cm
Leisten (1,5 cm breit, 0,5 cm stark): 60 cm
Leisten (2,0 cm breit, 0,2 cm stark): 6,0 m
Leim
Krippenmörtel
Erdfarben
Beize

Figurengröße: 16 cm

131 Bescheiden, aber doch von großer Wirkung: Die orientalische Ruinenkrippe.

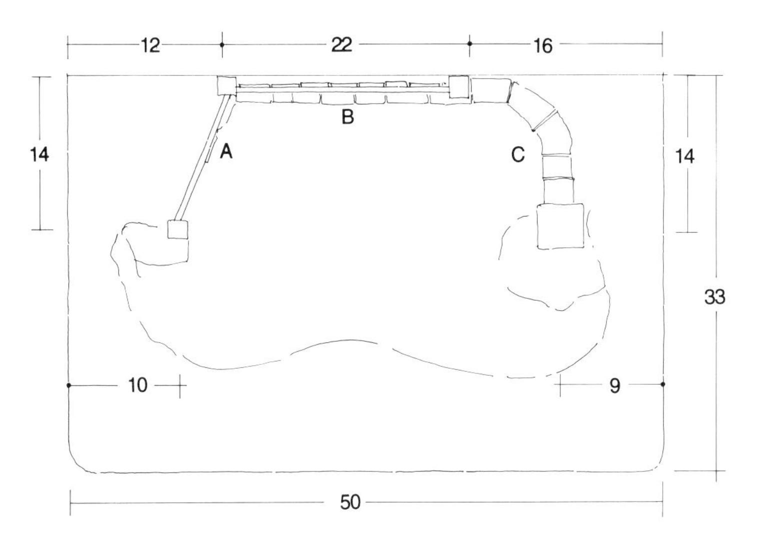

132 Der Grundriß der orientalischen Ruinenkrippe entspricht den Maßen der Grundplatte, die an der Vorderseite geschwungen ausgeschnitten werden kann.

Schritt für Schritt

Auf der Grundplatte Styropor der gleichen Maße aufleimen und unregelmäßig an der Front und an den Seiten beschneiden.

Für das **Mauerwerk** schneidet man Styroporteile in verschiedenen Größen aus und bricht die Kanten, indem man mit dem Schnitzmesser die Ecken unregelmäßig abnimmt und sie mit der Drahtbürste bearbeitet. Die so gefertigten Blöcke werden in unregelmäßigen Größen – um zerfallenes Mauerwerk anzudeuten – aufeinander geleimt und wenn nötig mit Drahtstäbchen, die in die Blöcke hineingesteckt werden, verstärkt.

133 Der Mauerpfeiler im Profil; deutlich sind die größeren Steine zu erkennen, die den Eindruck eines vorkragenden Mauerwerks ausmachen.

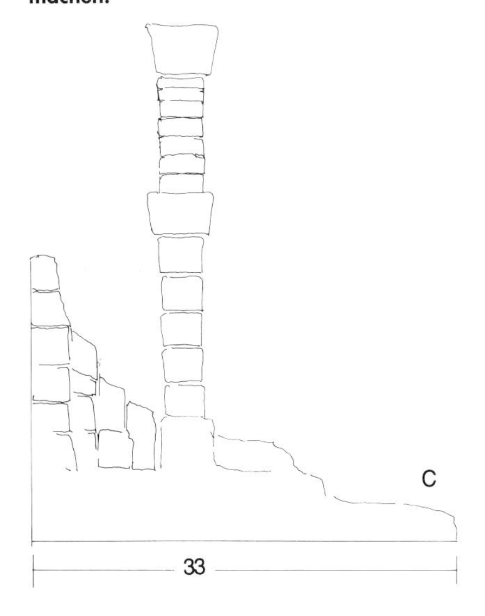

134 Nachdem das Mauerwerk (B) aus Styropor aufgebaut ist, wird mittels Kanthölzern das Gerüst für die Anbringung der Bretterwand aufgebaut. Der vordere Querbalken dient als Befestigung des vorderen Bogens. Darauf werden – ebenso wie auf den hinteren Balken – anschließend die Dachbretter angebracht. Für eine wirkungsvolle Gestaltung werden die Dachbretter gebrochen.

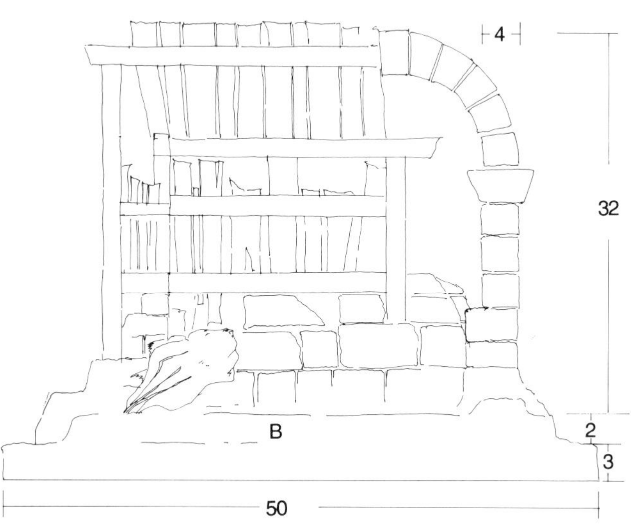

Auch der **Mauerbogen** wird aus Styropor (3,5 cm stark) ausgeschnitten: Dazu zeichnen Sie den Bogen auf die Styroporplatten auf und schneiden ihn dann aus. Der Stabilität wegen wird dieser Styroporbogen auf Sperrholz (0,4 cm stark) oder auf eine Spanplatte (1,0 cm stark) aufgeleimt und dann herausgesägt. Auch der Sockel und der Übergang zwischen Säule und Bogen sollte mit Styropor verstärkt werden, um so den Eindruck vorkragenden Mauerwerks zu erzielen (s. Abb. 133, 137).
Mit dem Schnitzmesser den vorderen linken Balken (2,5 × 2,5 cm, 28 cm hoch) bearbeiten, d. h. die Kanten brechen und anschließend mit der Drahtbürste behandeln. Er wird dann in das Mauerwerk eingesetzt und mit einem weiteren Balken (2,5 × 2,5 × 24,0 cm) mit dem Bogen verbunden. Dazu befestigen Sie in der Rückseite des Bogens einen Nagel, auf den dann der Querbalken gesteckt wird.
Auf der Hinterwand der Mauer werden zwei Kanthölzer aufgesetzt und mit einem Querbalken (23 cm lang) verbunden. Zwischen den Pfosten bringt man für die linke Seitenwand und die Rückwand jeweils zwei

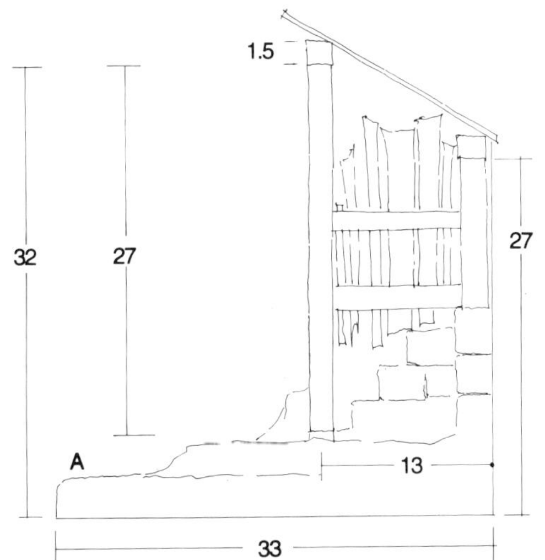

135 An der linken Seitenwand (A) werden nach Gestaltung des Mauerwerks (Styropor) zwei bis drei Querbrettchen gesetzt und darauf senkrecht eine unregelmäßige Bretterwand aufgeleimt.

136 Rückfront der Ruinenkrippe: auf dem Mauerwerk werden die Balken und Bretter aufgesetzt und miteinander verbunden.

137 Vorderseite der orientalischen Ruinenkrippe mit angesetztem Torbogen. ▽

Querbretter (2,0 cm breit und 0,5 cm stark) an, auf denen dann in unregelmäßiger Breite und Länge Bretter aufgeleimt werden (s. Abb. 134, 136). Auch das Dach ist auf diese Weise mit Brettern in unregelmäßiger Breite und Länge (0,2 cm stark), die auf Querleisten aufliegen, gestaltet. Abschließend werden Boden und Mauerteile verputzt, mit weißer Dispersionsfarbe gestrichen und nach Abtrocknen mit Erdfarben behandelt. Die Holzteile sind mit entsprechender Beize eingefärbt. Verschiedene Sträucher beleben die Krippenszene.

ORIENTALISCHE GROSSKRIPPE

138 Aufwendig, aber auch besonders wirkungsvoll: Die orientalische Groß-krippe.

140 Aus dem Styroporblock wird der Umfang der Höhle ausgeschnitten; anschließend aus-höhlen.

141 Die Höhle wird mit Styropor-Blöckchen verkleidet, so daß eine Felsenlandschaft entsteht.

142 Neben der großen Höhle wird eine kleinere modelliert.

143 Kleine und Rand der großen Höhle, farbig gefaßt.

139 Aufbau der Höhle aus Styropor.

139 △

Geduld und Zeitaufwand für diese aufwendige Krippenstadt werden reichlich belohnt. Mit ihren vielgestaltigen und detailreichen Bauten, der Höhle und zahlreichen Winkeln und Plätzen bietet sie die Möglichkeit für ein lebendiges, variables Szenarium.

Material und Maßangaben

Spanplatte: ca. 2 qm (1,0 cm stark)

4 Platten Styropor oder Styrodur, davon 1 Platte 10,0 cm, 2 Platten 4,0 cm und 1 Platte 2,0 cm stark
Dämmplatte ca. 0,5 qm
Sperrholzstreifen 0,2 cm × 1,0 m (0,4 cm stark)
Erdfarben
Wellpappe
Leim
Krippenmörtel

Figurengröße: 12 cm

Schritt für Schritt

Die **Höhle** aus Styropor-Teilen nach den Maßen der Zeichnung aufbauen. Alle Teile aufeinander leimen. Nach Möglichkeit mit größeren Nägeln oder Drahtstäben mehr Festigkeit verleihen. Anschließend das Gelände links und rechts der Höhle

140 △ 142 ▽

141 △ 143 ▽

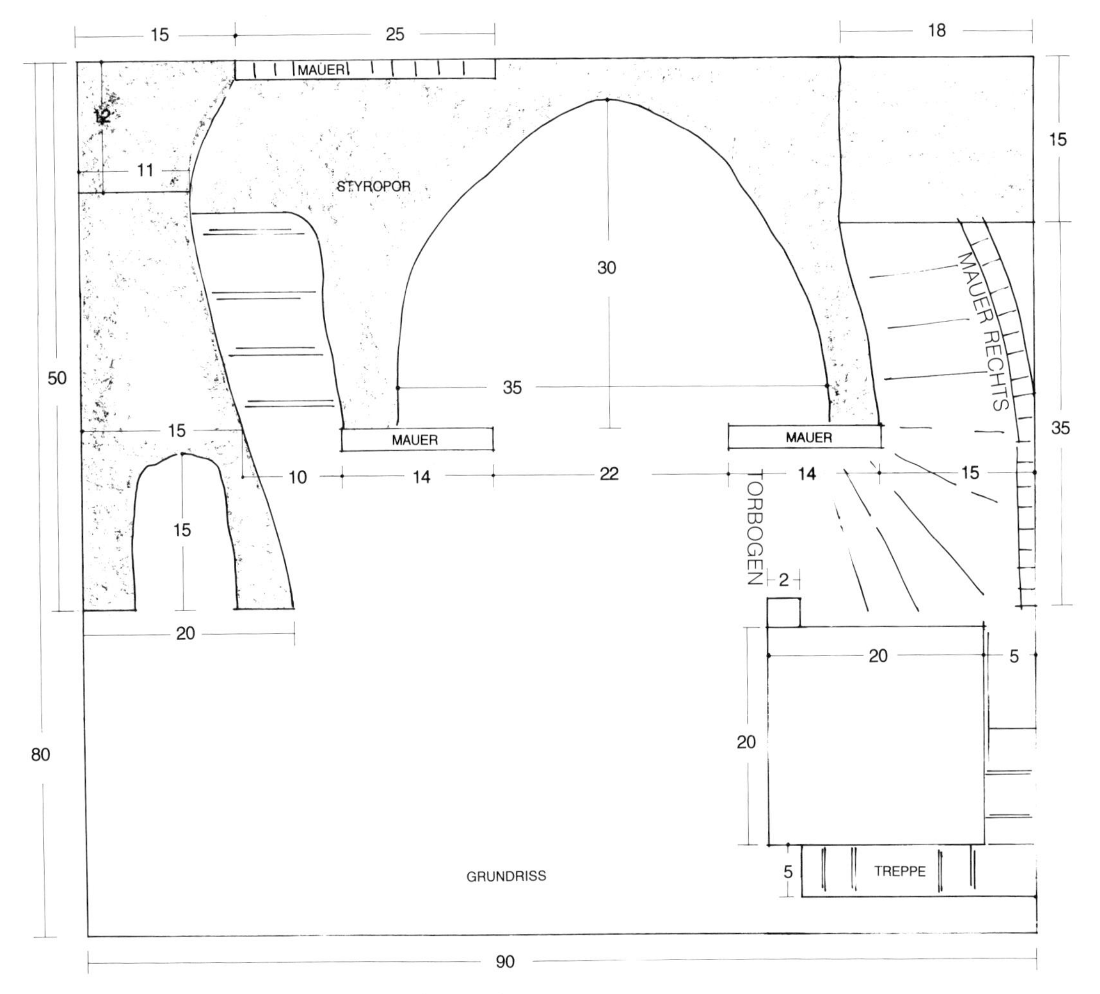

144 Grundriß der orientalischen Großkrippe.

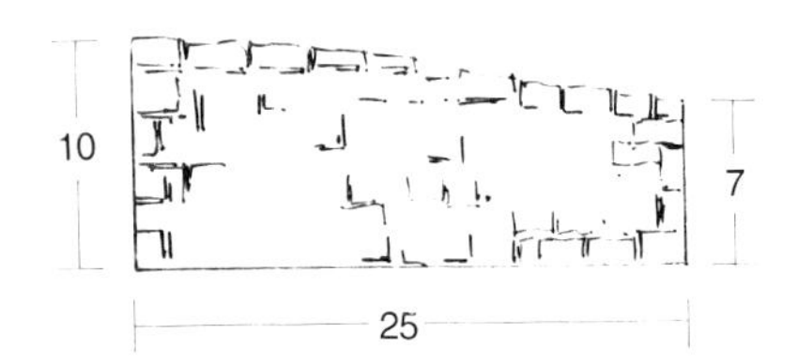

145 Mauerwerk: Aus Styropor oder Styrodur werden unregelmäßige Würfel geschnitten.

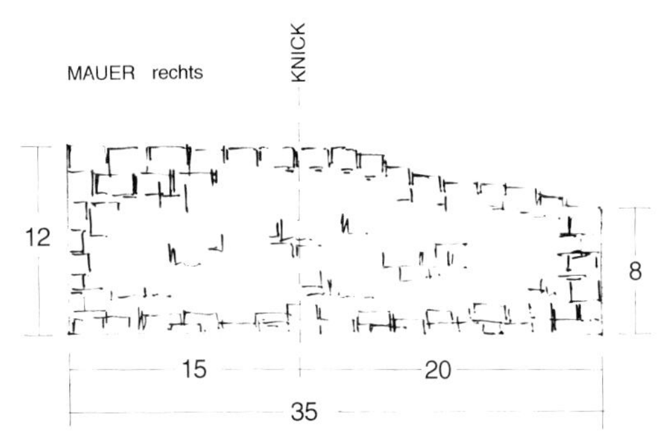

146 Mit einem scharfen Messer werden die Kanten gebrochen. Die Würfel werden – ebenfalls unregelmäßig – aufeinandergesetzt und verleimt.

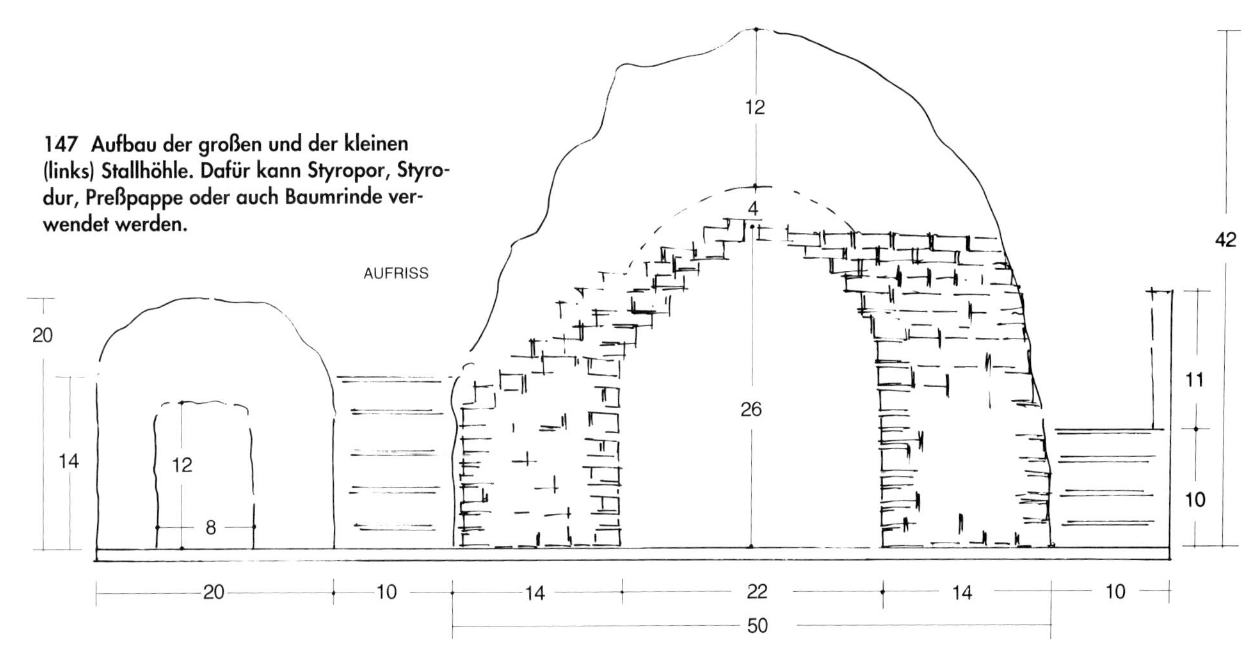

147 Aufbau der großen und der kleinen (links) Stallhöhle. Dafür kann Styropor, Styrodur, Preßpappe oder auch Baumrinde verwendet werden.

mit Styropor oder Dämmplatten gestalten. Für die beiden Häuser hinten rechts und links eine ebene Fläche je nach Größe der Bauten vorsehen.
Hirtenfeld links vorne: In dem Felsen (wie die Höhle aus Styropor erstellt) eine kleine Stallhöhle anlegen (s. Abb. 142). Die Höhlenöffnung kann später mit einem Holzzaun (aus Leistchen) abgeschlossen werden.

Mauern: Aus 2 cm starkem Styrodur Streifen ausschneiden und in Größe und Form unregelmäßige Steine fertigen und aufeinanderkleben (s. Abb. 145, 146 u. 150, 151). Für die Festigung des Mauerwerkes ist auch hier ratsam, von oben nach unten durch einzelne Steine Nägel oder Drahtstäbchen zu stecken. Achtung: Vor Aufkleben der Steine deren Kanten brechen.

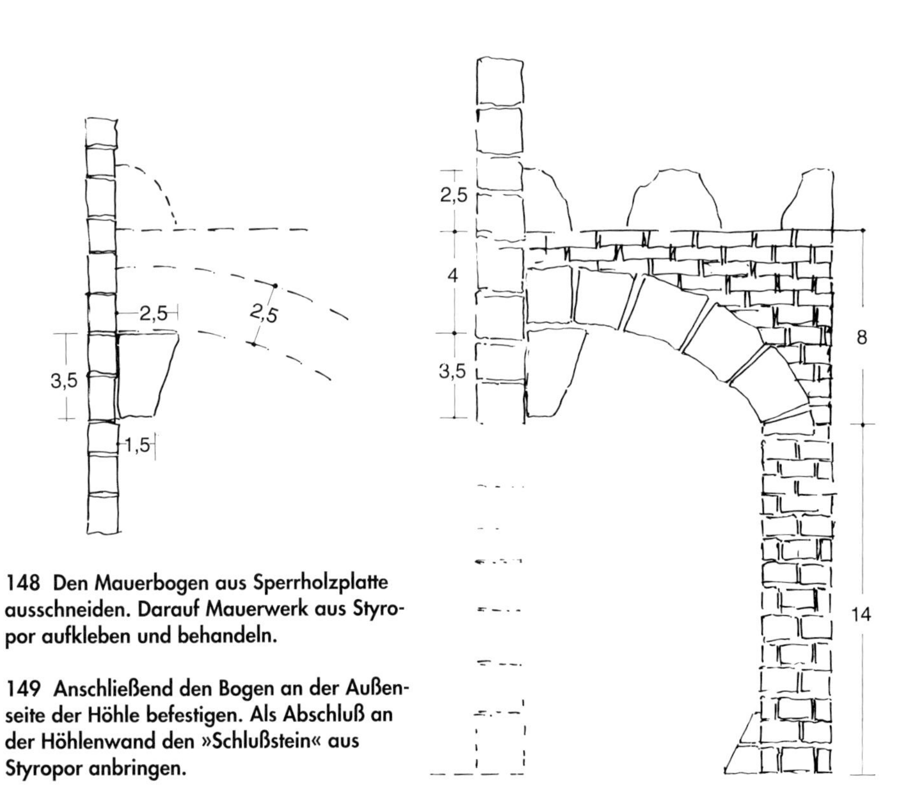

148 Den Mauerbogen aus Sperrholzplatte ausschneiden. Darauf Mauerwerk aus Styropor aufkleben und behandeln.

149 Anschließend den Bogen an der Außenseite der Höhle befestigen. Als Abschluß an der Höhlenwand den »Schlußstein« aus Styropor anbringen.

150 △

151 △

152 △

153 △

154 ▽

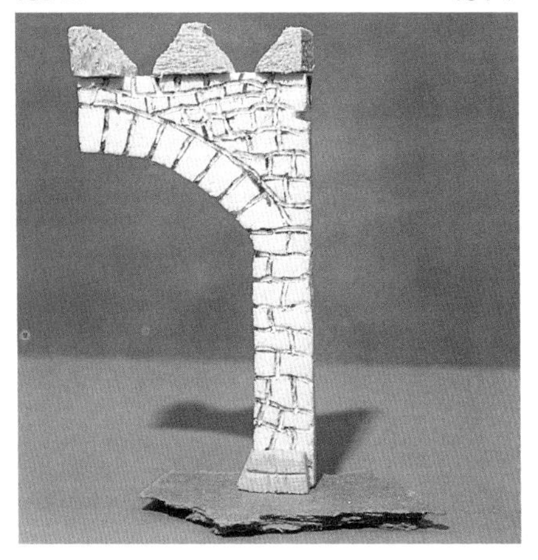

155 ▽

150 Mauer aus Styrodur-Teilen.

151 In das Gelände eingefügte Mauer (hinten links).

152 Der Eingang der großen Höhle wird mit Mauerwerk aus Styrodur gefaßt.

153 Gestaltung des Geländes mit Mauerabbrüchen.

Nach dem Trocknen des Leims die Oberfläche des Mauerwerks mit der Drahtbürste behandeln, um so eine wirklichkeitsnähere Struktur zu erzielen. Dies gilt natürlich auch für das Mauerwerk der Höhle. Noch realistischer wird das orientalische Gemäuer, wenn mit kleineren Styrodurstücken der Mauer Steine als Mauerabbruch vorgesetzt werden (Abb. 152, 153). Die Mauern dann an den vorgesehenen Stellen auf dem Gelände aufkleben (siehe Grundriß).

Torbogen: Benötigt wird Styrodur in 2,0 cm Stärke. Auf einer Sperrholzplatte (0,4 cm stark) wird Styrodur entsprechend der Zeichnung als Bogen aufgeklebt und dann ausgeschnitten (s. Abb. 148, 149 u. 154, 155). Bruchsteine und Bogensteine an der Vorderseite des Bogens durch Einbrennen oder Ausschnitzen andeuten. Als Verzierung pyramidale Steine aufsetzen und an die Höhle anleimen. Gestalten Sie nun die restliche Grundplatte mit unregelmäßigen Erhebungen aus Styropor.

154 Torbogen der orientalischen Großkrippe.

155 Torbogen, verbunden mit der Höhle. An ihn wird das »Haus vorne rechts« angebaut.

Haus mit Türmchen (hinten links):
Die Teile A, B, C, D, E und F aus Spanplatte (1,0 cm Stärke) einschließlich Tür- und Fensteröffnung ausschneiden.
Fenster mit Stramin (Gitter) hinterkleben. Türöffnung von hinten mit Streifen (1,0 cm Breite) aus Spanplattenresten verstärken.
Teile A, B, C und D zusammenfügen. Zum besseren Stand auf der Grundplatte anbringen. Dabei die Stufe berücksichtigen.
Zwischendecke aus Sperrholz (0,4 cm stark) fertigen und auf A, B, C und D aufleimen (Abb. 162).
Dann die Teile E und F an B und C (Obergeschoß) ankleben und mit einem Dach (Spanplatte 1,0 cm stark) abschließen.
Aus Styropor (besser Styrodur) eine Kuppel (Durchmesser 7,0 cm, Höhe 4,0 cm) ausschneiden oder feilen und nach der Bearbeitung mit Schleifpapier dem Dach aufsetzen (Abb. 165, 166).
Fenstersimse: An der Unterkante der Fenster Leistchen ankleben. Die Balkonbrüstung wird aus Styrodur gearbeitet (s. Abb. 157).
Tür aus Sperrholz gestalten. Vor Einsetzen der Tür Stufe fertigen.

156 Haus (hinten links) mit Türmchen im Rohbau.

157 Haus mit Fenstersimsen, Brüstung und Tür.

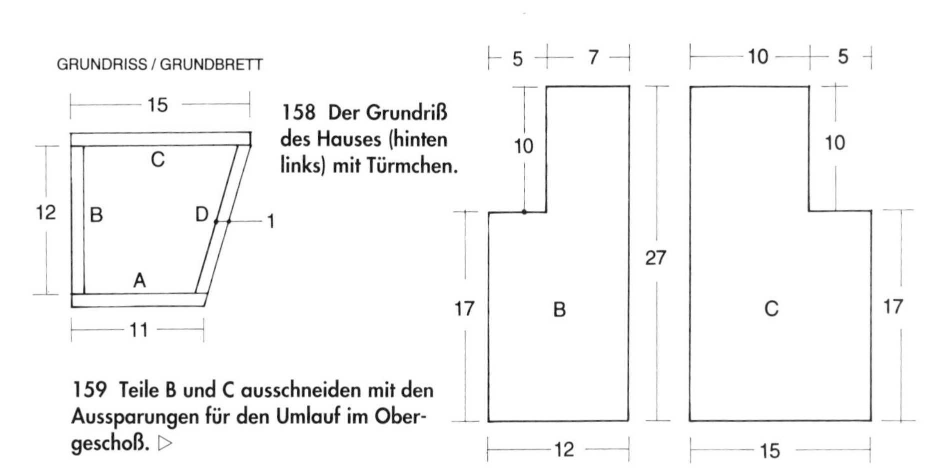

158 Der Grundriß des Hauses (hinten links) mit Türmchen.

159 Teile B und C ausschneiden mit den Aussparungen für den Umlauf im Obergeschoß. ▷

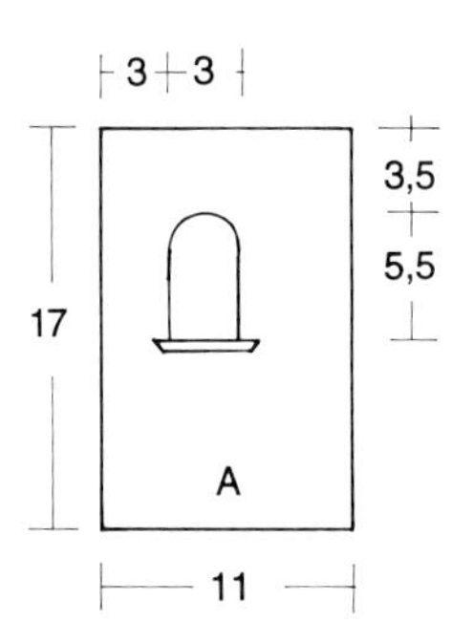

160 **Bei Wand A ist das Fenster auszusägen.**

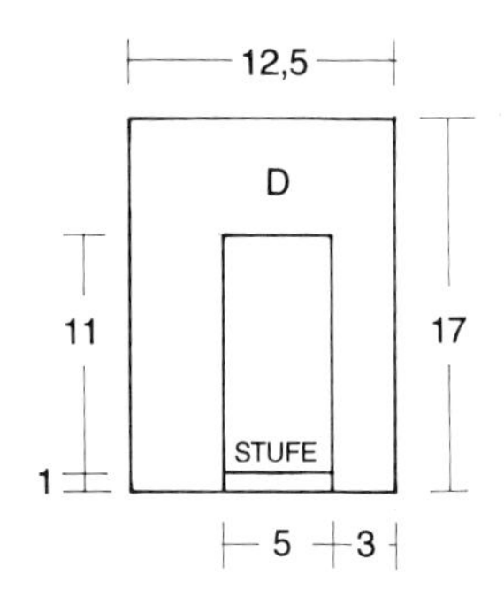

161 **Bei Wand B ist die Tür zu berücksichtigen.**

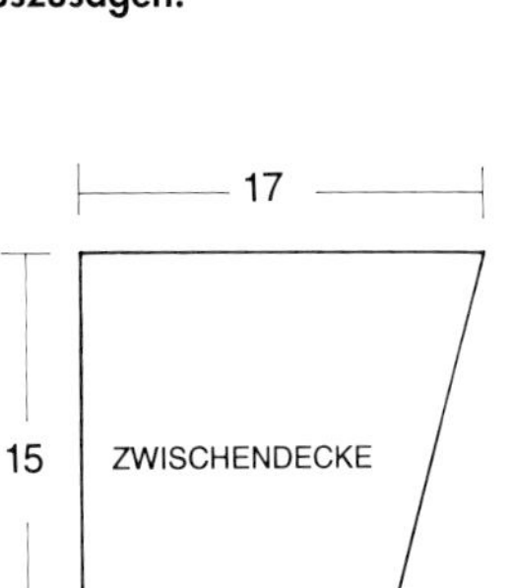

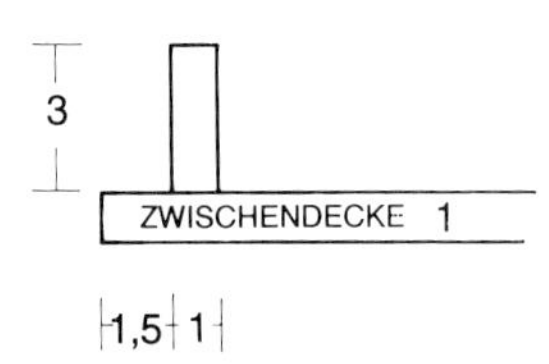

162 **Die Zwischendecke im Grundriß und im Längsschnitt mit aufgesetzter Brüstung.**

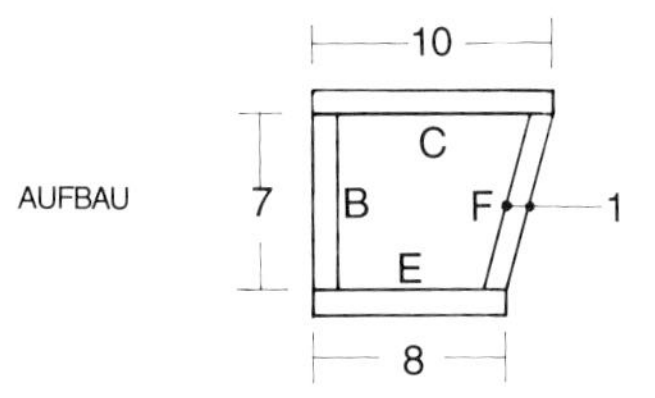

163 **Grundriß des Turmes.**

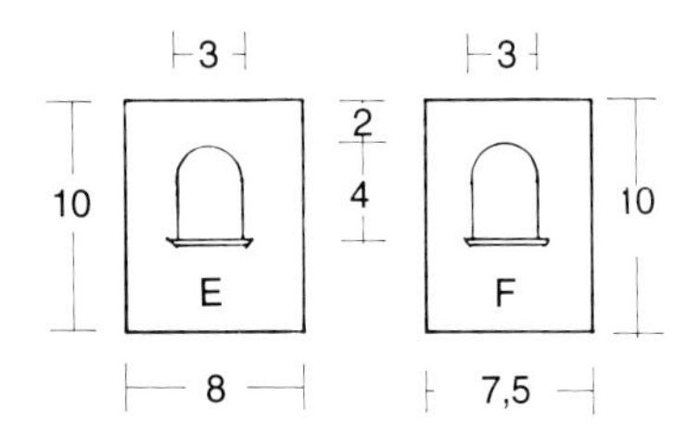

164 **Wände E und F des Turmes mit Fensteröffnungen.**

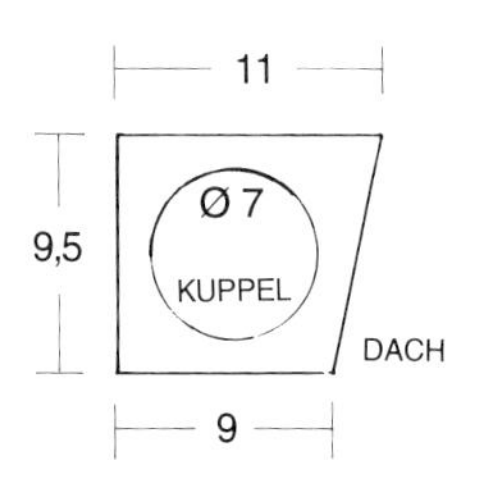

165 **Grundriß vom Dach mit Kuppel.**

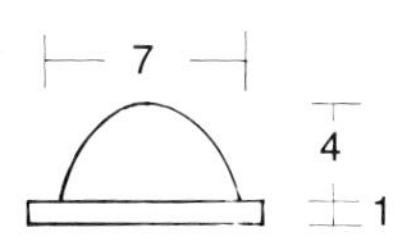

166 **Kuppel im Längsschnitt.**

Haus vorne rechts: Teile A, B, C und D – wie gehabt – aus einer 1,0 cm starken Spanplatte mit Fenster- und Türöffnungen ausschneiden. Auch hier Fenster mit einem Gitter (Stramin) versehen. Teile zusammenleimen und auf einer Grundplatte befestigen (s. Abb. 167–170).

Die Tür wird mit Styroporstreifen (1,5 cm breit, 0,4 cm stark) oder Sperrholzstreifen gerahmt (Abb. 168 u. 184).
Als Sockel dient Bruchsteinmauerwerk aus Styropor (0,5 cm stark) in einer Bandhöhe von 3,5 cm.
Der Tür wird eine Stufe von 1,0 cm Höhe und 1,0 cm Tiefe vorgesetzt.

Anschließend die Zwischendecke fertigen und auf A, B, C und D aufsetzen. Sie steht auf drei Seiten (A, B und D) gleichmäßig über (Abb. 171). Auf A, B und D unterhalb der Zwischendecke eine Leiste (1,5 × 0,5 cm) anbringen; auf diese eine weitere Leiste (0,5 × 0,5 cm) aufsetzen. So entsteht ein Gesims (s. Abb. 179 u. 183). Teile E, F, G und H zuschneiden; dabei Türen und Fenster bei G und H berücksichtigen. Die vier Elemente zusammenleimen und auf die

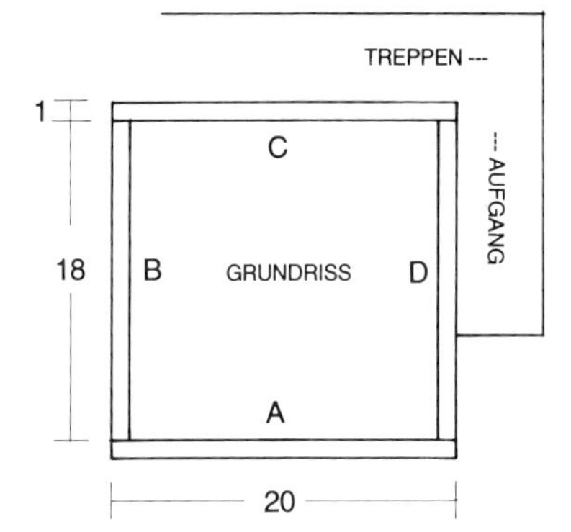

167 Grundriß »Haus vorne rechts« in der orientalischen Großkrippe.

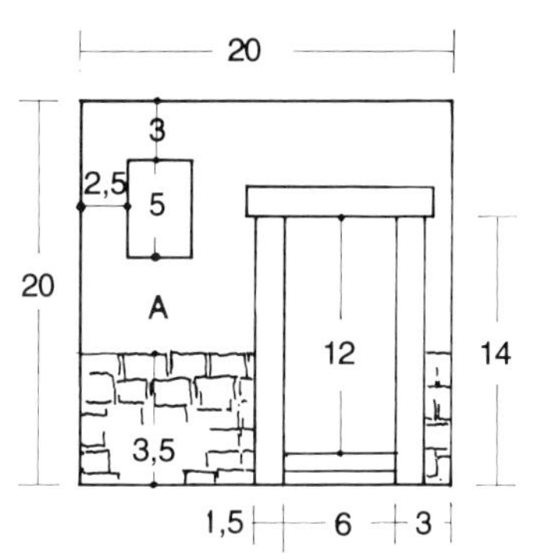

168 Linke Seitenwand A mit Tür- und Fensteröffnung.

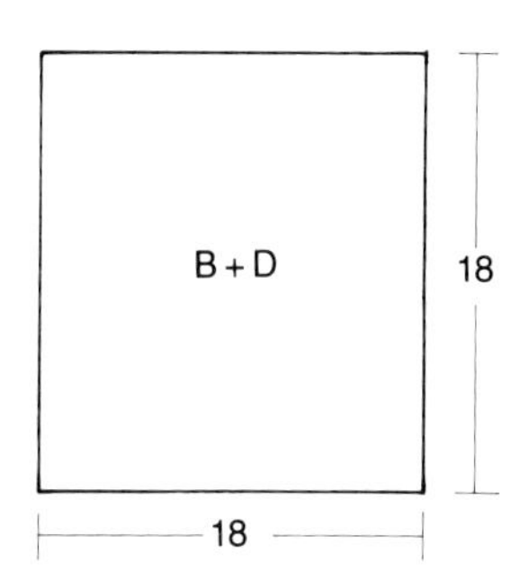

169 Wände B und D sind gleich groß.

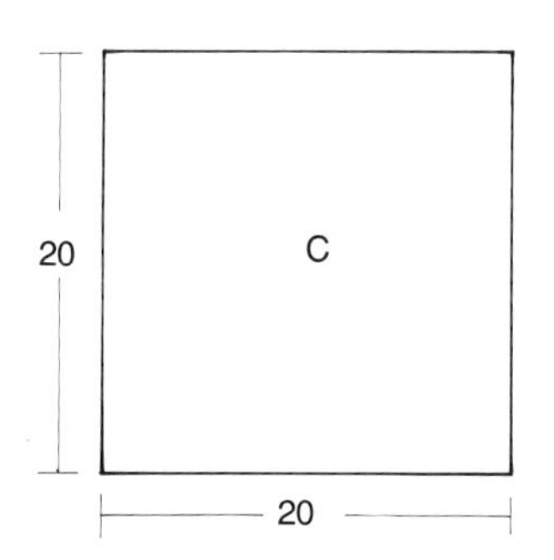

170 Teil C vom Untergeschoß.

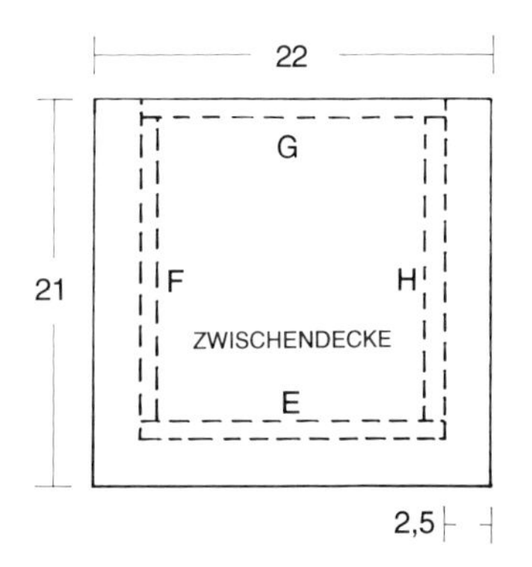

171 Zwischendecke auf die Teile A, B, C und D aufleimen; dabei beachten, daß diese mit Teil C bündig ist. Auf diese Zwischendecke werden dann – wie angegeben – die Teile E, F, G und H nach Zusammenfügen aufgesetzt.

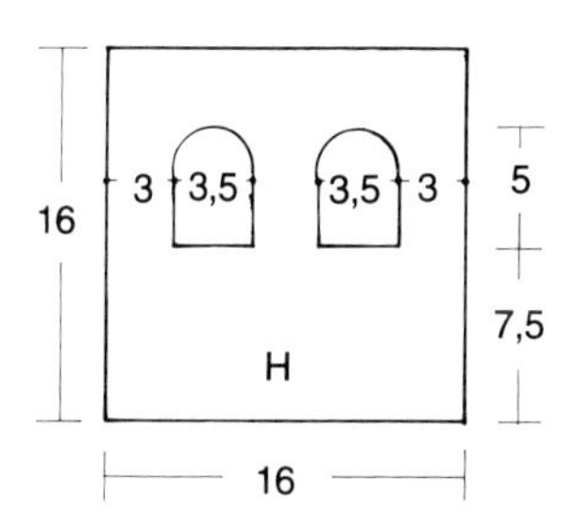

172 Wand H mit zwei Fensteröffnungen.

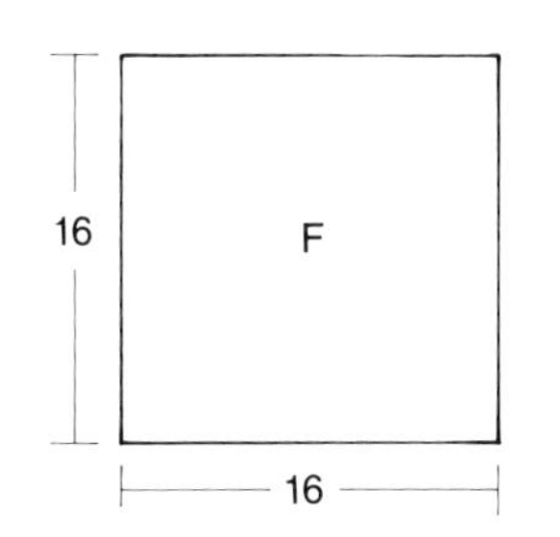

173 Wand F vom Obergeschoß des Hauses vorne rechts.

174 Wand G mit Türloch. ▷

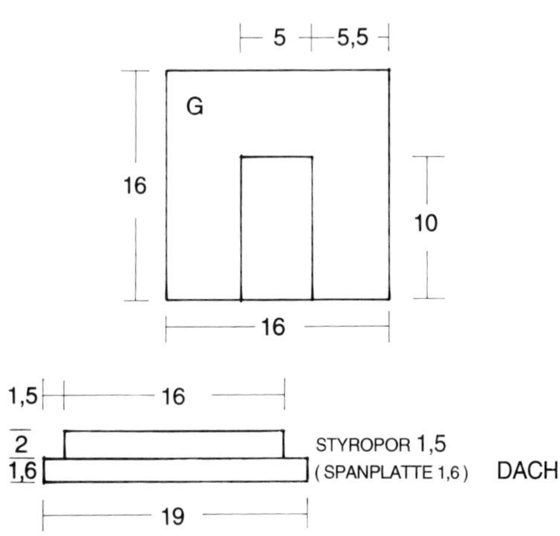

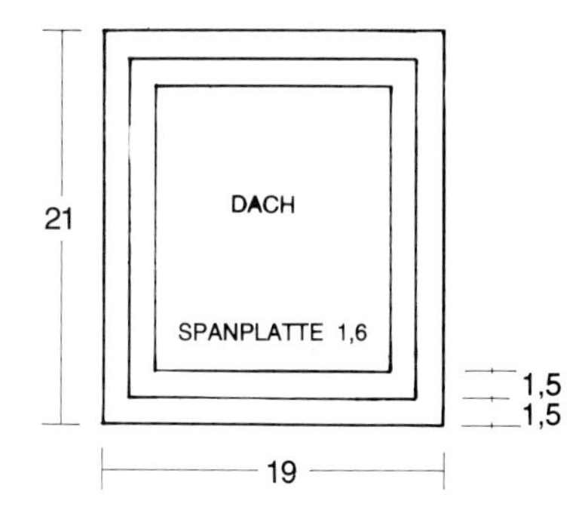

175 Dach aus Spanplatte anfertigen.

176 Als oberer Dachabschluß wird ein Styroporstreifen auf das Dach geleimt. ▷

Zwischendecke aufbringen. Anschließend das Dach aufsetzen und darauf achten, daß bei F, E und H ein Dachvorsprung entsteht. Den Abschluß bildet ein Styropor-Streifen (Stärke 1,5 cm, Breite 2,0 cm), der im Viereck als Balustrade aufgeleimt wird (s. Abb. 175, 176).

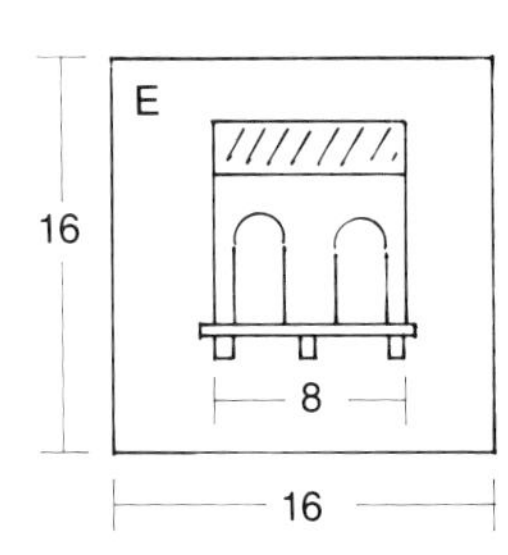

177 Wand E mit Erker: Im Vorderteil beide Öffnungen ausschneiden.

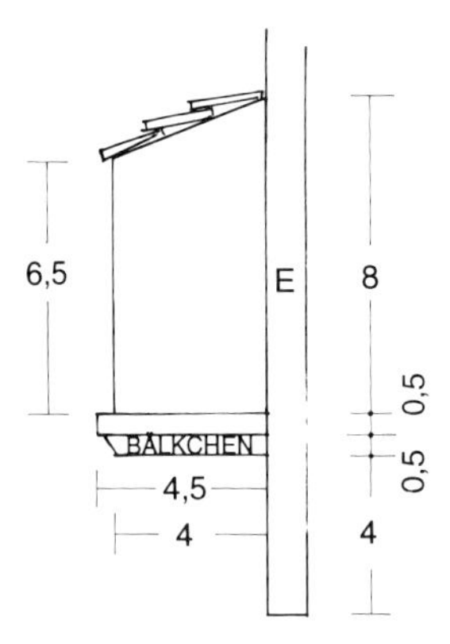

178 Der Erker im Längsschnitt. Getragen wird er von drei Bälkchen.

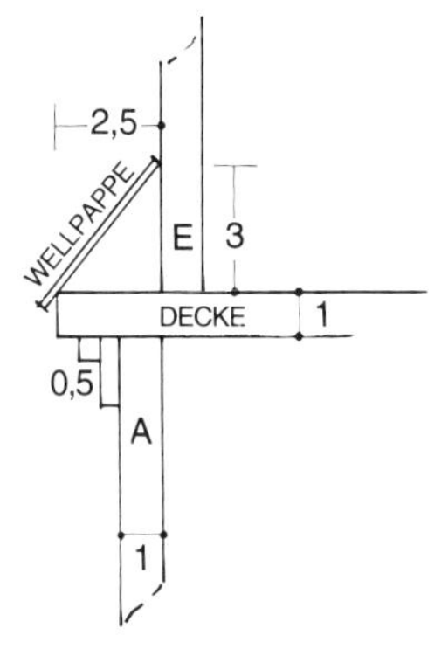

◁ 179 An den Seiten der Teile A, B und D werden unterhalb der Decke zwei Leistchen (Brettchen) als Simse angeklebt. Dann wird das Vordach mittels Sperrholzstreifen mit aufgeleimter Wellpappe als Dachvorsprung angebracht.

180 Treppenaufgang zur Tür in Teil G, der entlang der Wände C und D verläuft. ▷

◁ 181 Schema der oberen Treppenstufen und der Rückseite vom ersten Teil.

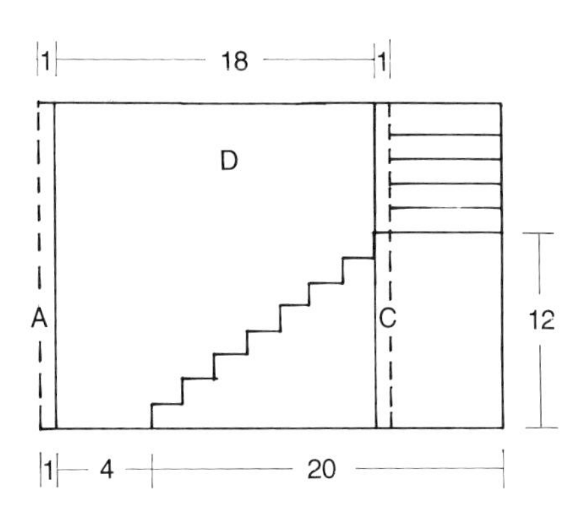

182 Einige Treppenstufen im Aufriß.

183 »Haus vorne rechts« mit Treppenaufgang und Dachsims.

184 »Haus vorne rechts« mit Erker und Mauerwerk.

Erker: Aus Sperrholz (0,4 cm stark) werden Seitenteile und Vorderteil (Schnitte 177, 178 und Abb. 184) mit den Fensteröffnungen ausgeschnitten. Die Fenster mit Stramin hinterkleben, auf einer kleinen Sperrholzplatte aufleimen, Bälkchen aus Kanthölzern unterleimen und den Erker an E anbringen. Das Dach wird aus Wellpappe gefertigt.

Dachabschluß: Drei Reihen 2,5 cm breiter Wellpappe als Dachziegel dem Dach aufleimen. Zwischen Unter- und Obergeschoß ein Dach aus 4,0 cm breiter Wellpappe fertigen. Zur Versteifung können zwischen die Rillen Zahnstocher oder Streichhölzer (Kopf abkappen) gesteckt werden (Abb. 179).

Treppe: Auf Spanplatte zweimal die Treppenwand aufzeichnen und ausschneiden. Die einzelnen Stufen sind aus Sperrholz (0,4 cm stark). Die Stoß- und Trittbrette haben die Maße: 5,0 × 1,6 cm. Beide Teile werden jeweils miteinander verleimt, wobei die Reihenfolge zu beachten ist: zuerst immer das Stoßbrett befestigen, dann das Trittbrett (Abb. 180–184).

Beim Zwischenstock und am Ende der Treppe wird eine Mauerbrüstung angebracht.

Verputz: Mit Krippenmörtel wird nun die ganze Krippe verputzt. Nach dem Antrocknen mit weißer Dispersionsfarbe streichen und dann die Gebäude und das Gelände mit Erdfarben nach orientalischem Vorbild fassen (s. Abb. 185).

185 Verputztes und mit Erdfarben behandeltes »Haus vorne rechts«.

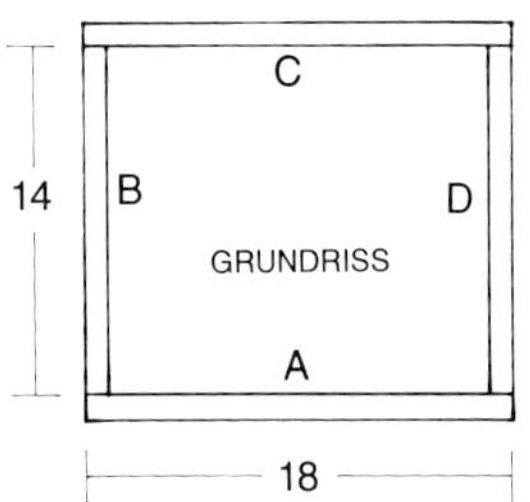
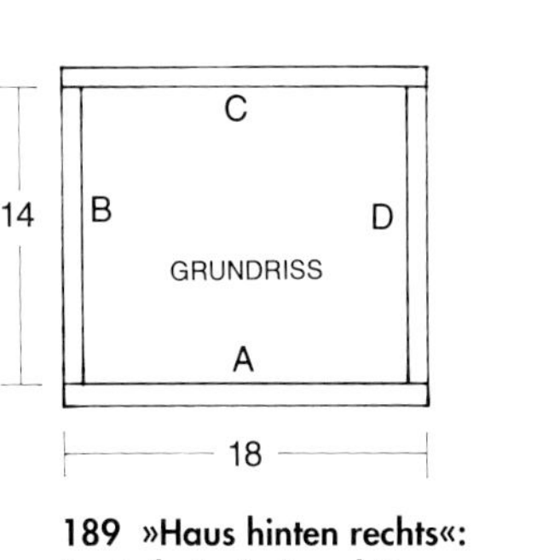

189 »Haus hinten rechts«: Bauteile A, B, C und D.

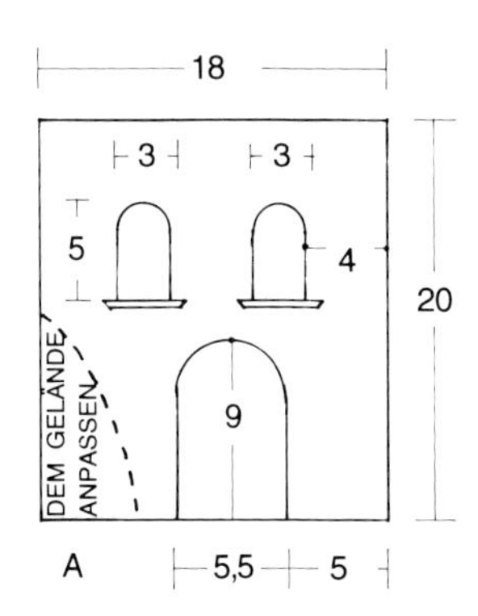

190 Teil A mit Tür- und Fensteröffnungen.

C
20
18

191 Rückwand C, die noch dem Gelände angepaßt werden muß.

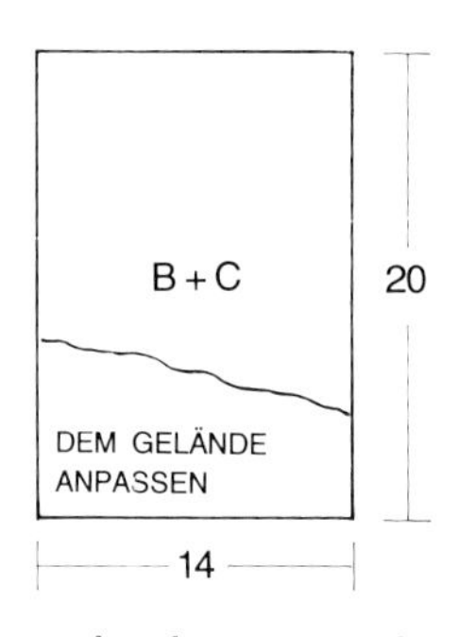

192 Teil B, das wie A und C dem Gelände angepaßt werden muß.

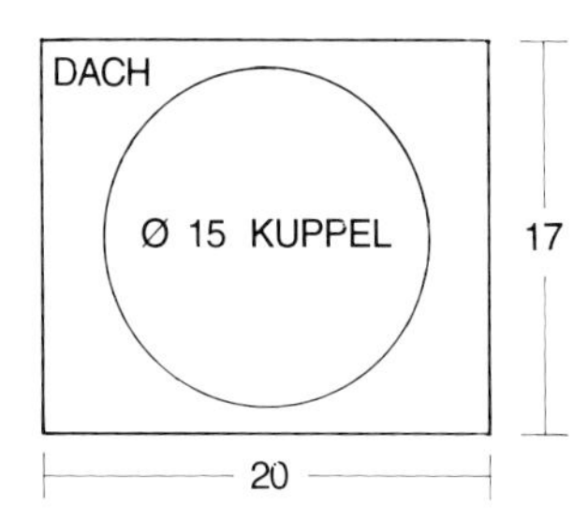

193 Grundriß für das Dach mit Kuppel.

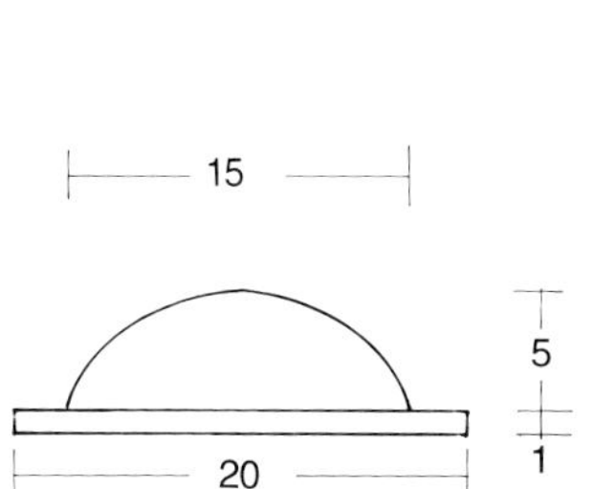

194 Die Kuppel im Längsschnitt.

Haus hinten rechts: Teile A, B, C und D einschließlich der Öffnungen für Fenster und Tür nach Maß aus einer Spanplatte (1,0 cm stark) ausschneiden.
Fenster auch hier mit Stramin als Gitter und mit Leistchen als Fenstersims versehen.
Teile zusammenfügen und für besseren Stand auf eine Grundplatte montieren. Dach (Spanplatte, 1,0 cm stark) aufsetzen, darauf eine Kuppel aus Styropor, besser Styrodur, (5,0 cm stark und 15 cm Durchmesser) anbringen (s. Abb. 190–194).
Die Seitenteile A, B und C eventuell dem Gelände der Höhle anpassen.
Tür anfertigen und einsetzen.

192 »Haus hinten rechts«; deutlich sind die Aussparungen zu sehen, um das Haus ins Gelände einfügen zu können.

193 Kuppel aus Styropor für das »Haus hinten rechts«.

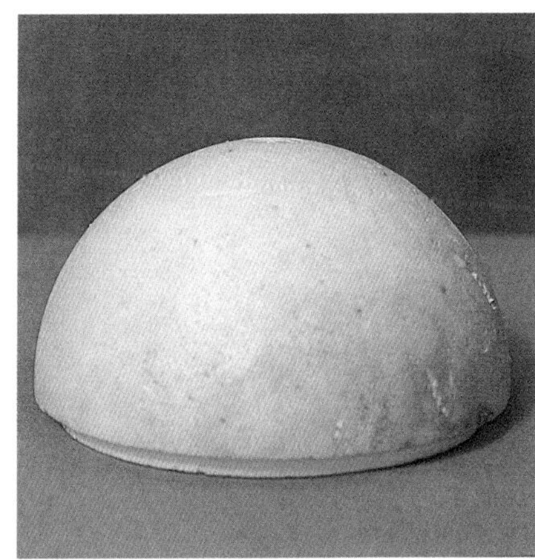

194 Fertiges Haus (hinten rechts) im Gelände.

WEITERE KRIPPENMODELLE

gefertigt von Kursleitern und Kursteilnehmern
der Krippenbauschule in Bamberg

195 Ein Krippenberg läßt bei der Gestaltung der Szenerie viele Möglichkeiten offen (Elke Möller).

196 Kostbare, sehr aufwendig gestaltete orientalische Krippe mit Figuren aus dem Erzgebirge (Dietrich Reinhardt).

197 Fränkische Heimatkrippe, die Backofen, Mauer und Schupfen in die Szenerie miteinbindet (Eberhard Erxleben).

198 Heilige Nacht in einem fränkischen Bauernhof. Diese Krippe mit Nebengebäuden erfordert eine große Ausdauer: 120 Stunden gingen ins Land, bis auch das letzte Detail gerichtet war (Jakob Gerner).

199 Diese alpenländische Krippe duckt sich in den Schutz eines Felsvorsprungs (Georg Schneider).

200 Alpenländisches Krippenhaus mit großer Tenne; hier fühlt sich die Heilige Familie geborgen (Dietrich Reinhardt).

201 Originalgetreue Nachbildung eines Oberhalbsteiner Bauernhauses aus dem 16. Jahrhundert in Savognin/Schweiz (Jakob Gerner).

BEZUGSQUELLEN

Holzschnitzereien Scheiderer
Krippen und Figuren
Färbergäßchen 8

86150 Augsburg

Telefon: (0821) 518874
und Augsburger Christkindlesmarkt

H. Diller
Kerzenfachgeschäft
Krippen und Zubehör
Schranne 5

96049 Bamberg

Telefon: (0951) 52021

Magnus Klee
Holzschnitzereien
Krippen und Zubehör
Obstmarkt 2

96047 Bamberg

Telefon: (0951) 26037

Geschwister Poppenberger
Wachswaren
Krippen und Zubehör
Hauptwachstraße 9

96047 Bamberg

Telefon: (0951) 21666

Brigitte Ramspeck
Holzschnitzereien – Kunstgewerbe
Karolinenstraße 19

96049 Bamberg

Telefon: (0951) 54947

Holzbildhauerwerkstätte Kreutz
Holzschnitzereien und Krippenfiguren
Kreuzbreitlstraße 10

82194 Gröbenzell

Telefon: (08142) 9340

Gebrüder Lohnert GmbH
Hans-Peter Lohnert
Krippenfiguren aus Kunstharz
Vacher Straße 43
Gewerbegebiet Untermichelbach

90587 Obermichelbach

Telefon: (0911) 7658076

Monika Hartmann
Krippen und Zubehör,
speziell Tonfiguren mit Stoff kaschiert
Kirschenstraße 13

91580 Petersaurach

Telefon: (09872) 1301

Allgäuer Hobby-Versand
R. Bergemann
Krippenfiguren – Rohlinge und fertig geschnitzt; Krippen
Ettlis 65

87448 Waltenhofen

Telefon: (08379) 396

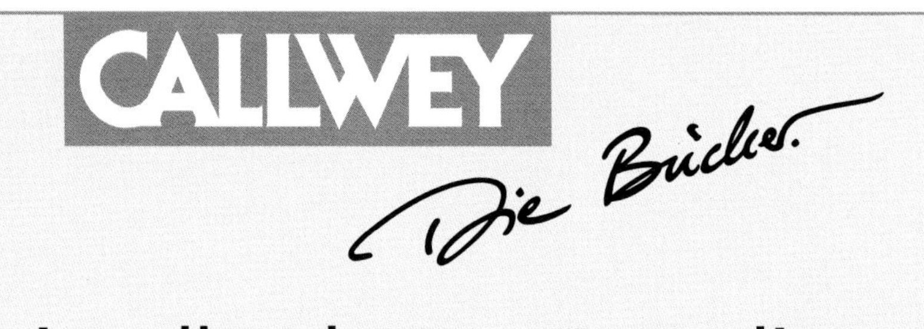

Phantasievolle Ideen aus Atelier und Werkstatt

Hildegard Demetz
Phantasievolle Laubsägearbeiten Bilder, Puzzles, Spiele
72 Seiten, 54 farbige und 18 sw. Abbildungen, 54 Zeichnungen. Mit Mustervorlagen. Gebunden.

Erich Brüggemann
Einlegearbeiten in Holz Intarsien selbstgemacht
Ideen, Techniken, Beispiele
72 Seiten, 47 farbige und 29 sw. Abbildungen. Gebunden.

Angela Jäger
Marionetten selbstgemacht
Ideen, Technik, Beispiele
72 Seiten, 65 farbige und 64 sw. Abbildungen. Mit Spielanleitung. Gebunden.

Peter Stranghöner
Arbeiten mit Papier und Karton Kästchen, Mappen, Bücher…
72 Seiten, 104 farbige und 54 sw. Abbildungen. Gebunden.

Hildegard Demetz
Kerbschnitzen
Technik, Ornamente, Motive
72 Seiten, 54 farbige und 66 sw. Abbildungen. Mit Mustervorlagen. Gebunden.

Ingrid Standhaft
Teddybären nach altem Vorbild selber machen
Zuschneiden, Nähen, Ausstopfen
72 Seiten, 58 farbige und 22 sw. Abbildungen. Mit Schnittmustern. Gebunden.

Callwey Verlag München